白いネコは何をくれた？

「言葉を話すネコ」ボロが教える
人生を変える**マーケティング戦略**

佐藤　義典 Yoshinori Sato

フォレスト出版

Introduction

まえがき

本書を手に取っていただきありがとうございます。
あなたは、

「営業で成績を上げ、収入をアップさせたい」
「仕事で成功して、起業したい」
「もっと自分を活かせる業種に転職したい」
「もっといい恋愛がしたい」

など、色々な願望があるのではないでしょうか？
ただし、ほとんどの人が「その願望」のあとに、ある言葉がついてきます。
「……けど」という言葉です。

「営業で成績を上げ、収入をアップさせたい（けどうまくいかない）」
「仕事で成功して、起業したい（けどどうしていいかわからない）」
「もっと自分を活かせる業種に転職したい（けど失敗するかも）」
「もっといい恋愛がしたい（けど、モテないし、いつもうまくいかない）」

多くの人が、「仕事」「人生」「恋愛」での願望を結果として残すことができていません。

これはどんな人にも当てはまります。

能力があるのに成功できない、資格があるのに成功できない。

それには理由があります。

「今日がつまらない」なら「明日もつまらない！」

それは「**明日を生きる戦略**」**がない**からです。

簡単に言うと、「どうしていいかわからない」まま今日を過ごしているということです。

ただこれはほとんどの人が同じです。**学校や会社では誰もそんなこと教えてくれない**からです。


人生はある意味「戦い」です。

あなたが仕事をしているなら、社内のライバルとの戦い、同業種との戦い、上司との戦い、自分の能力との戦い、などがあるでしょう。

あなたが就職・転職を考えているなら、同じ会社に面接を受けに来た人と戦っています。

恋愛で考えてみれば、ライバルとの戦いがあります。

その他、人生にはいろいろ乗り越えなくては幸せになれません。

これらの戦いで勝てる人は「戦略的に生きている」人です。

戦略と言っても、いやらしい駆け引き、相手を出し抜くという類のものではありません。自分を知り、自分らしく戦い、自分らしく輝く明日を生きるということです。


本書は、誰も教えてくれなかった「**あなたの明日を戦略で変える本**」です！

「あなたの明日を変える方法」とは？

「あなたの明日を変える戦略」は、戦略ＢＡＳｉＣＳというマーケティング戦略です。この考え方は、経営、営業、企画、販促、などのビジネス上の戦略にはもちろん、個人のキャリア戦略、大きく言えば「生き方」を考えることにも使えます。

「戦略」というと一見難しそうですが、「自分の強みが活きるところで戦う」などの当たり前のことです。ただ、それを使うのと使わないのとでは、長期的には大きな差が出ます。「戦略」を使わないのは、あまりにもったいないのです。

本書では、戦略の本質をシンプルに、平易な言葉と身近な事例を通じて身につけていただけます。

「白いネコ」は何をくれるのか？

本書は「仕事も恋愛もうまくいかないサラリーマン」実直が「不思議な白いネコ」ボロと出会い、成長していく物語です。

主人公の実直は、多くの人と同じように、さまざま願望を持って生きています。でも、多くの人と同じようにうまくいかず、毎日に疲弊する日々を過ごしています。

そんなある日、「一匹の猫」と出会うことから、自分を変えていくのです。

本書は、まず序論から始まり、その後ストーリー編になります。ストーリー編が終了後、復習も兼ねた、まとめて解説する、構成になっています。理論は不要、という方はもうここからストーリー編に飛んでいただいても大丈夫です。

今日を変えなければ、いつも通りの明日がやってきます。明日を変えなければ、人生が変わることはありません。

この本を手に取ってくれたあなたの行動は、もうすでに「昨日と違う今日」がやってきています。白いネコがあなたに何をくれるのか、楽しんで読んでください。

この本が、あなたの明日を変える一助になることを祈っています。

佐藤義典

Contents

目次

Contents

第3章 Strength 反転
お前にしかできないことは何か？

第4章 Customer 仲間
お前は、誰と共にいたいのか？

理論編

戦略BASiCS 序論

1 本書の構成

本書は、マーケティング戦略を、ストーリー形式でわかりやすく考えていきます。まずここで、経営戦略、マーケティング戦略についての全体像を解説し、そのあと、ストーリーをお楽しみいただきます。最後に、戦略理論のエッセンスをまとめて解説します。

◆個人のキャリアアップにも使えるマーケティング戦略

本書はマーケティング戦略の本ですが、その適用範囲は実に広いのです。もちろん、企業や商品のマーケティングが中心になりますが、個人のキャリアをどう構築していくか、もマーケティング戦略です。

本書では、会社・商品の、いわゆるマーケティング戦略と、個人のキャリアをどう構築していくか、という自分のマーケティング戦略の両方を考えていきます。基本的な理論は全く同じで、その応用方法が少々違うだけです。むしろ両方を考えていくことにより、戦略理論の本質があぶり出されます。

2 戦略とは？

戦略というと難しそうですが、ざっくり言うと、**目的を達成するにあたっての、大きな考え方・道筋**です。

遠く離れた場所に行くとします。「戦略」は、飛行機で行くのか船で行くのか電車で行くのか、を、お金や時間と相談しながら「ざっくり考える」ことです。「戦術」は、具体的にどの航空会社のどこ行きの何時出発の飛行機に乗りどう乗り継ぐか、という「具体的に何をするか」です。これがいわゆる「戦略」と「戦術」の違いです。

「戦略」は、業界などにかかわらず共通します。例えば、差別化戦略は、業界にかかわらず、３つの軸に分けられます（詳細は後述）。だから、「戦略のプロ」という、戦略コンサルタントのような職業が成立するのです。私のようなコンサルタントが、ある業界のプロであるお客様に価値を提供できるのは、業界については素人でも、戦略についてはプロだからです。逆に言うと、一旦身につければ、どこに行っても通用しますから、この機会に身につけておくと、一生モノのスキルになります。

3●今日より良い明日にするために、「戦略」を考えよう

明日は今日より幸せになりたいのなら、昨日と同じことをしてもダメです。それでは今日と同じ明日が待っています。周りも進化するので、今日と同じことをしていると、明日は今日よりも厳しい日になります。明日を今日より良い日にするためには、今日を変える必要があります。来年を今年より良い年にするためには、今年を変える必要があります。

問題は「どう変えるか」です。いくら努力しても、その努力の方向性が間違っていたら、良い明日にはなりません。その努力は自分を望む結果に近づけてくれるのか、を考えることが必要です。それが「戦略」の役目です。

「良い明日にするために、大きな方向性のもと、今日の行動をどう変えるか」を導くのが「戦略」です。明日を変えるには今日を変える、そしてその方向性を導くのが戦略です。本書の中核理論、戦略ＢＡＳｉＣＳは、より良い明日を迎えるための戦略ツールなのです。

4●「戦略の5理論」を「戦略の5要素」として使おう

戦略というと、古くは孫子など、色々な人が色々なことを言っています。経営戦略でも、大御所、マイケル・ポーター氏を初め、色々な理論や本が出ています。MBAでも「経営戦略」という専攻もあり、私もMBAで経営戦略とマーケティングを専攻しました。そう言うといかにも難しそうですが、経営戦略やマーケティング戦略は実は5つしかありません。複雑な理論はビジネスの現場では使えませんので、過度に単純であることは承知の上で、誰にでも使えるように5つにまとめました。次のページの図をご覧ください。

この5つは、「顧客ニーズに応える」など、当たり前のことばかりです。それでも、ほぼすべての経営・マーケティングの戦略理論のエッセンスの体系は、このどこか（あるいは複数）に分類されます。**戦略理論とは、当たり前のことです**。ものの本質は当たり前のことなのです。誤解を恐れずに言えば、経営・マーケティング戦略を考える際は、この5つのことを考えれば実務上は十分です。それどころか、優良企業においても、この5つがきっちり考えられているということはむしろ少ないのです。

この5理論は、それぞれを単独で考えるのではなく、すべてを通して考えることが重要

戦略BASiCS
マーケティング戦略の統合フレームワーク

Battlefield 戦場・競合型	「儲かる戦場で戦えば儲かる」
Asset 独自資源型	「自社独自の経営資源を蓄積すれば儲かる」
Strength 強み・差別化型	「強い商品が提供できれば儲かる」
i	
Customer 顧客型	「顧客ニーズに応えれば儲かる」
Selling message メッセージ型	「上手に顧客に伝えれば儲かる」

です。この5理論を別々に考えると大変ですが、全体としての戦略を構成する5つの「要素」としてとらえると、非常に考えやすくなります。

5 戦略の統合フレームワーク：戦略BASiCS

この5要素の頭文字を取ると、図のように、「BASiCS」となります。戦略論の基本という意味も込め、戦略の5要素を同時に考えるフレームワークを「戦略BASiCS（ベーシックス）」と私は名付けました。戦略BASiCSは、戦略の5理論を統合し、5要素間の関連性・一貫性を考えながら会社の、商品の、自分の戦略を考えていくツールです。ほぼすべての戦略理論をカバーしたオトクで便利な戦略立案の道具です。これが本書の中核理論となります。

6 重要なことはすべての一貫性

BASiCSにおいてどれが重要だ、ということではなく、重要なのは全体の一貫性です。戦略立案において一番重要なことは何か、と聞かれれば、私はためらいなく「一貫性」と答えます。BAS・iCSの5要素をこれから1つずつ考えていくことになりますが、その場合も、各要素間の一貫性に注意しながら読み進めてみてください。

では、理論の説明はこれくらいにして、さっそくストーリー編の始まり、といたしましょう。

Prologue

プロローグ

昨日と同じ明日

昨日と同じ今日

「いけぶくろ〜、いけぶくろ〜、終点池袋駅に到着しましたぁ。どなた様もお忘れ物のないよう…」

車内アナウンスが響き、東京・豊島区の一大ターミナル、池袋駅に西武池袋線の黄色い電車が着く朝の通勤時間帯。詰め込まれた車内からスーツ姿のビジネスパーソンたちが吐き出されるように勢いよく降りていく。

「はあ……今日も昨日と同じ一日が始まる…」

黒い髪の毛を横分けにし、紺色のスーツを着た若いサラリーマンが携帯ゲーム機をカバンにしまい、ため息をついた。

生気のない目をした男性は、日向実直（ひなた・さねなお）、27歳。広告代理店勤務。

改札を出ると、リクルートスーツで就職活動中の男女のグループが実直の横を足早に過ぎ去っていく。彼・彼女らの表情は、期待に輝いているかのようだった。

「僕にもあんな時があったな……」

喧噪に包まれるいつもの通勤路を10分ほど歩くと、目の前には池袋の60階建ての高層ビル、サンライズビルがそびえ立っていた。スーツに身を包み、颯爽としたビジネスパーソンがどんどんビルに吸い込まれていく。

「こんなはずじゃなかった……」実直は立ち止まってビルを見上げた。

「広告代理店に憧れて入ったはずなのに……。また、昨日と同じ今日……。まだ4年目だっていうのに、こんな気持ちがあと何十年続くんだろう。僕はこれでいいのか？」

日向実直は、中堅広告代理店、サンデー広告社に新卒入社4年目の広告営業マンだ。1年目は、与えられた仕事をこなすのに精一杯だった。2～3年目には、仕事を回す楽しさを知った。

しかし、最近、**「僕はこれでいいのか？」**という疑問が頻繁に頭をよぎるようになった。昨日と同じ今日。今日と同じ明日。今の仕事はイヤではない。むしろ好きだ。しかし最近、**不完全燃焼感**がどんどん膨らんでいる。さぼってはいないが、全力を尽くしてもいない。省エネ運転で、のろのろと70％くらいの力で歩いている感覚。

どこからか2羽の黄色い鳥が飛んでくると、サンライズビルの壁に沿って仲むつまじそうに上空へと上っていった。

「僕は一体何をしているんだろう……？」

実直は心の中でつぶやいた。

「日向くん、遅刻するわよ」

抑揚のない声に呼びかけられ、実直は突如現実に引き戻された。白いワイシャツと黒いジャケットに黒いパンツというビジネススーツに身を包み、茶色のコーチのバッグを肩に掛けた細身の女性が実直の横を通り過ぎようとしている。

「あ、おはよう、鳥野さん」

実直もあわてて歩き出した。ちらっと見た愛用のソーラー電波時計の時刻は、始業5分前を指していた。

声をかけた黒いスーツの女性は、鳥野智子（とりの・ともこ）、26歳。実直の同期入社3人組の一人。長い黒髪をアップにまとめ、黒ぶちの眼鏡をかけ、無表情に先を急ぐ。愛らしく整った顔立ちに、ぱっちりとした二重の目。黒縁の眼鏡は透き通るような肌と愛らしい顔を隠しているかのようだ。「エレベーターが混むと遅刻ね」とＧＵＣＣＩの時計を見ながら言い、歩くペースをあげた。

サンデー広告社と書かれた看板がある受付を通り過ぎ、社内に急ぐ2人に、派手な色をしたルイ・ヴィトンの小さなバッグを抱えて洗面所に行こうとしている女性が声を掛けた。

「へえ、仲良く2人で出社なんて珍しいね」

「あ、理香、おはよう。日向くんとはそこで一緒になっただけよ」

智子が表情を何一つ変えずに事実を伝えた。

「冗談に決まってるじゃない。あんたとサエナイがどうにかなるなんて思ってないよ」

応じた女性は、高見理香（たかみ・りか）、26歳。実直、智子と同期入社の3人の最後の一人。派手な色のスーツを着こなし、濃いメイクをしている。理香は実直をその名前の「さねなお」をもじり「サエナイ」と呼んでいた。その意味するところは明らかだ。

「冗談でもそんなこと言わないで」

智子は無表情に返答した。

実直はうつむき、伏し目がちにためいきをついて自分の机へと向かった。

3人が勤めるサンデー広告社は、社員数約50人の広告代理店だ。

広告代理店と言うと、ＴＶＣＭの制作などの華やかな仕事がイメージされがちだが、実際には鉄道広告や店頭販促用のツールやポスター、商品パッケージのデザインなどの仕事も多い。サンデー広告社は、少し前まではＴＶＣＭの仕事もあったが近年は激減し、印刷・紙媒体系の販促関係の仕事がメインになっていた。

実直は、席に着くと手帳を開き、今日の予定を確認した。

「今日はフレンドコスメさんに、ラブリーリップの駅貼りポスターを提案する日だ」

フレンドコスメ社は売上規模にして数百億円の化粧品メーカーだ。ドラッグストアなどを主な販路とし、高級ではないが、低価格でもなく、日本人の肌や好みにあった製品を開発・販売する会社として日本人女性の評価・認知を得ていた。

化粧品・トイレタリー業界は、日本の広告費（TV、新聞、雑誌、ラジオの4媒体合計）の10・1％（２００７年）を占める、最大の広告出稿業種だ。

資生堂の２００８年3月期連結損益においても、販管費が売上の65％を占める。同時期のトヨタの販管費は売上の10％であり、同じ「メーカー」という業態であるにも関わらず、化粧品では販管費、いわゆる「マーケティング費用」に巨額の費用を投じていることがわかる。

フレンドコスメ社も売上規模に比して大きな費用を広告・販促に投じており、実直のいるサンデー広告社にとっても重要なクライアント（広告代理店ではお客様のことをそう呼ぶ）だ。営業部の実直は、自分の上司である営業ディレクターの鈴木からフレンドコスメ社の仕事を引き継ぎ、現在は実直が主担当者となっていた。ラブリーリップは、フレンドコスメ社の口紅ブランドで、それなりの売上がある。

実直は席を立ち、気が進まないながらも鳥野智子、高見理香がいる制作部（クリエイティブ）のほうへと歩き出した。同期の智子と理香も今や中堅となって活躍していた。

「鳥野さん、今日フレンドコスメさんに出すラブリーリップのクリエイティブ、できてる？」

実直は智子の席に行くなり尋ねた。クリエイティブとは、ＣＭやポスターなどの広告制作物のことだ。では話をしよう、とオフィスの会議室に実直、智子、理香がそろった。

理香が大きな紙にインクジェットで出力された３枚のポスター案を出した。

「去年と同じような方向性でいい、って言う日向くんのブリーフィングがあったから、去年とそれほど変えてないわ」

智子が淡々と説明を始めた。

鳥野智子の仕事はコピーライター。日向実直が営業担当としてクライアントの意向のもと企画などを考え、それを受けて鳥野智子がキャッチコピーやデザインなどの方向性を出す。高見理香はそれを実際にポスターなどのカタチにする、という役割分担だ。

実直の上司は営業ディレクターの鈴木、智子と理香の上司は制作ディレクター（クリエイティブディレクター）の田中、と上司がそれぞれいるが、実直、智子、理香の３人で仕事は回る。

智子からの方向性の説明の後、理香がデザインの具体案を実直に説明した。

「この3案は、それぞれ、こういうことで……、ちょっと、サエナイ、聞いてる!? 大変だったんだからね！ ほとんど寝てないんだから……」

理香が実直をにらむと、実直は興味なさそうにうなずきながらポスターを受け取り、「今日の夕方、クライアントに説明してくる」とミーティングを終えた。

「私は行かなくて大丈夫？」

少しだけ心配そうに訊ねる智子に、もう慣れてるから、と実直は答えて、逃げるように会議室を出た。

漂う暗雲

フレンドコスメ社の会議室で、実直は、フレンドコスメ社の販促課長、高橋公平と向き合って座っていた。

高橋は40歳前後だが、がっしりした体に浅黒い顔でスポーツマンを連想させる。カミソリのような鋭さというよりは、ナタで切るような力強さと潔さを感じさせる。フレンドコスメ社の友田社長の信頼も厚く、フレンドコスメ社の実質的なマーケティング責任者と言ってよかった。

「この3案は……」

実直は、智子と理香が説明したことを、ほぼその通りになぞって高橋課長に説明した。高橋は、腕組みして3枚のポスターをしばらく見つめていた。

「去年とほぼ同じか……」

ぼそっと高橋が低い声でつぶやいた。
「はい、去年好評だったとうかがっていましたので……」
「ああ、去年のはお客様の評判も良かったし、社長の友田も気に入っていたが……」
「ですので、去年と同じ線でデザインを考えてみました」
「ううむ、進歩がないな……。これじゃわざわざ……」

精悍な高橋の眉間にしわが寄っていた。プレゼンを終えて晴れやかな表情の実直は、そんな高橋のつぶやきを無視し、「これがお見積もりで、去年と同じ金額です」と封筒を差し出した。高橋は不服そうな顔をしたまま黙ってその封筒を受け取った。

「では、ご返事をお待ちしています」

言うが早いか、実直はあっさり立ち上がった。


フレンドコスメ社のビルを出た実直は、最近プレゼンも緊張しなくなってきたな……初めてのときは声が震えたけど、とのんきなことを考えていた。

「じゃあ帰るか。もうこんな時間だし、連絡もいらないよな」

そうつぶやき、実直は帰路についた。


池袋始発の電車で席を確保すると、隣でパソコンで熱心に仕事をする同年代の男性を横目に、行きの電車と同じように携帯ゲーム機を取り出し、ヘッドホンをした。ゲームは戦国時代のシミュレーションゲーム。ゲームの中で実直は上杉謙信として、戦国の英雄たちと覇を競っていた。ふと目を開けると、もう降りる駅に着いており、慌ててゲーム機を閉じた。ゲームをした後は、いつも虚しさがよぎる。現実から逃げている自分を頭のどこかでわかってはいるが、ついつい続けてしまう。そして、今日と同じ明日を迎える。

「こんな毎日でいいのかな……。せめて彼女でもいれば違うんだろうけど」

駅を出ると、まだ日が沈みきっていない帰り道を、実直はのろのろと歩み始めた。

Chapter 1

Battlefield

失意

お前はどこで、誰と戦っているのか？

拒絶された提案

「ぷるるるるる」

　明くる日の午前中、実直の机の電話の電子音が鳴った。たまたま在席していた実直が電話を取ると、昨日プレゼンした、フレンドコスメ社の高橋課長だった。通常の連絡事項ならメールで十分なはずだ。イヤな予感がした。

「日向さん、昨日はラブリーリップのプレゼンありがとう。ただ、せっかくプレゼンをいただいて申し訳ないんだが……」

　イヤな予感が現実になりつつある。

「今年は、別の会社にお願いすることにしたよ。去年のとほとんど同じだったからね。あれなら、わざわざ御社のお手を煩わせるまでもないと思ってね」

「し、しかし、去年は好評だったと……」

「そうだけど、去年と同じじゃ進歩がないでしょ。方向が同じなのはいいんだ。変化のための変化じゃ意味がないから。でもね……」

実直はつばをごくりと飲み込んだ。

「そうだな、はっきり言おうか。去年と同じ広告なら、どこにでも作れる。だから安い会社に発注することにした」

「え!?」

「安井プロダクションさんってご存じだよね？　そこからラブリーリップのポスターの提案を3日前に受けたんだ。安井さんから、自主的にいらしてね」

「ひょっとして、それが……」

「うん。昨日君が持ってきてくれたものとほとんど同じだった。まあ去年使ってるからね。ご想像の通り、御社の半分以下のデザイン費で。なら安いほうがいいのはわかるね」

「それだったら昨日そうおっしゃっていただければ……」

「ちょっと、何を言っているんだ!?　言おうとしたら君は勝手にさっさと帰っていったじゃないか。それでも営業か!?」

電話口の高橋の口調が変わった。ガタイと顔つきの割に温厚柔和な高橋の声が珍しく怒気を含んでいた。

「去年好評でも、その改良案を考えなきゃ、進歩がないだろ!?　価格はいいんだよ、去年はその金額を払ったわけだし。去年と同じでいい、っていう姿勢がイヤなんだよ！　大体、去年と同じなら、君の存在意義は何なんだ？　何も進歩してないのか!?」

一気に高橋がまくしたてた。

「は、は、はい……申し訳ありませんでした……」

迫力におされ、ともかく実直は謝罪した。この言葉を絞り出すのが精一杯だった。実直の額を汗がだらだらと流れた。冷や汗というのは本当に汗をかくのだ、と思った。電話口にはしばらく沈黙が流れた。

「……いや、出過ぎたことを言ってすまなかった。ただな、去年までの君は一生懸命だったから多少のミスがあっても、好感は持てた。今年は……精一杯やっているか？　いや、それこそ大きなお世話というものだな。ともかく、そうわけで……」

「はい……わざわざご連絡ありがとうございました」

そう答えるのが精一杯だった。実直はアタマを鈍器で殴られたような衝撃を受けていた。**今年は去年と同じだと思っていた。**昨日と同じ今日、今日と同じ明日が続くと思っていた。違った。去年と同じでは進歩がない、と怒られた。正論だ。自分の存在意義とは何だ？　それは実直が考えないようにしてきたことだ。去年と同じ提案なら、サンデー広告は、そして自分は不要だ。わかっていた。わかっていたが、自分をだまし、目をつぶって一年間を無為に過ごしてきた。

今期はこの売上を予定していたので、代わりの営業先はない。今から営業しても間に合わない。

上司に何て言おう……鳥野さんと高見さんにも……。高見さんは徹夜だって言ってた……どうしよう……汗がだらだら流れる。気分も悪い。吐き気もしてきた。トイレに行こうと立ち上がった瞬間、立ちくらみがして、椅子にどさっと崩れ落ちた。

「日向くん、プレゼンどう……ちょ、ちょっと、どうしたの？」

昨日の結果を実直に聞きに来た智子の視界に、実直が崩れ落ちる姿がちょうど目に入った。真っ青な顔で椅子にもたれかかった実直を見て、いつも冷静な智子の顔が青くなり、あわてて駆け寄った。

「あ、と、鳥野さん……。いや、な、何でも……。それより、ご、ごめん、プレゼンダメだった。頑張ってくれたのに……」

「そうなの⁉　それはまずいわ……そ、それより日向くん大丈夫？　ど、どうしたら……」

こんなに慌てる智子を見るのは4年目にして初めてかもしれない。実直はふらふらながら、なんとなく可笑しかった。

「い、いや、15分だけ待って……あとで会議室で……本当に大丈夫だから……」

「うん、わかった」

そう言うと、智子はあわてて駆けだしていった。数分間休み、気分が落ち着くと同時に体も落ち着いてきた。そこに智子がばたばたと駆けてきて、自販機で買ってきた冷たいペットボトルのスポーツ飲料を差し出した。

「はい、飲んで」

「あ、ありがとう……」

体が受け付けるかどうかはわからなかったが、智子の気遣いがうれしく、すぐに栓を開け、ゴクゴクと飲み始めた。先ほどまで吐き気をもよおしていた胃が、すんなり受け入れ、胃に流れ落ちる冷えた液体の感覚が気持ちよかった。

あっという間にペットボトルを飲み干した。

「ふうぅ……おいしかった。……鳥野さん、ありがとう」

実直の言葉に少し力が戻った。

「よかった……大丈夫みたいね」

心配そうに見ていた智子の顔に明るさが戻った。心底安心したかのように、智子は、はぁぁ、と長い息を吐き出した。

「うん……ありがとう。あ、そうだ、ドリンクのお金……」

「ううん、いいわ。私が勝手にしたことだし。じゃ、落ち着いたら内線で呼んでね。プレゼンのこと、聞きたいし」

いつの間にか智子の口調と顔つきがいつものポーカーフェイスに戻りつつあった。

厳しい追求

15分後。実直、智子と理香の3人は会議室で対峙していた。テーブルの片側に実直、その反対側に智子と理香が席についていた。取り調べが始まるかのように、智子と理香が実直を直視し、実直はうつむいている。

「ごめん……さっき高橋課長から電話があって、今年はダメだって」

「結果はさっき智子から聞いたわ。何でなのよ！」

先ほどの騒ぎを智子から聞いていても、理香は遠慮なく実直に詰め寄る。

「今年は、安いほうに発注するって……価格差が2倍だって……」

「でも、去年は発注があったでしょ？　安い制作会社があるなんて、今に始まったことじゃないわ。安いほうがいいなら、うちの仕事なんか毎年ゼロになるはずよ。何で今年はダメだったの？」

智子が淡々と論理的に問いつめる。先ほどのあわてた面影はもうどこにもない。答えに窮した実直が黙っていると、理香が声を荒げた。

「はっきりしなさいよ、サエナイ！　何がダメだったのよ！　それともアンタ理由も聞けないほどおバカな営業なの⁉」

「きょ、去年と同じだって……。進歩がない、って怒られた……」

「何よそれ‼　クライアントは去年と同じ路線でって言ったんじゃないの⁉」

「そうだと思ってたけど……違った。僕のせいだ……改善案も一緒に持ってくるのが当たり前だ、って。安井プロダクションが、うちと同じアイデアを3日前に売り込みに来てて……進歩がない、君の存在意義は何だって、同じものなら価格は半分で……」

「ちょっと待って」

支離滅裂になる実直を智子が止めた。

「3日前に安井プロダクションが、うちとほとんど同じデザインを高橋課長に提案していた。その価格がうちの半額だったから、そちらに発注が行った。そういうこと？」

「うん……。僕もすっごく怒られた。君の存在意義はなんだって……」

「ホントにそうだわ。サエナイねえ、アンタ……名前通り」

理香が呆れ果てたかのように言い捨てた。

「日向くんの売上の数字は大丈夫なの？　鈴木ディレクターにはもう言ったの？」

智子の淡々とした口調に、少し心配そうなニュアンスがこもった。

「ディレクターにはすごく怒られた。この仕事で大丈夫だろうと思ってたから、他に営業あんまりかけてなかったし」

「もういい！　サエナイの指示をまともに聞いちゃダメだってことは、今はっきりと、明確に、完全にわかった。あーあ、テレビCM作りたくてこの会社に入ったのに、そんな仕事ないし……言われた通りにポスター作ったら進歩がないって……一体何なのよ！」

「ごめん」

「謝るくらいならCM作る仕事取って来なさい！　フレンドコスメさんはテレビCMやってんだから！」

「テレビCMはギガ広告さんの仕事だから」

智子がフォローする。

「わかってるわよ。だから営業がしっかりしろって言ってるのよ！　進歩がないとか言われてるようじゃお話にならないわよ！」

言い終わらないうちに理香が立ち上がってドアを荒々しく開け、バタン！　と大きな音を響かせ出て行った。残った2人の間には沈黙が続いた。実直は相変わらずうつむいている。

「理香はああ言ったけど……私も責任感じるわ。日向くんに『去年と同じ路線で』って言われたとき、違和感はあった。でも、つい惰性で……あのときちゃんと考えてれば……」

「いや、僕の責任だ……。ごめん、鳥野さん」

惰性で過ごした1年間。70%の不完全燃焼感。全力でやっていれば諦めもつくが、自分にウソはつけない。2人は気まずいまま会議室を出た。残業をする気にもなれず、忙しそうな他の社員をよそに、実直は逃げるように会社を出た。いつの間にか大粒の雨が降っていた。悪いときには悪いことが重なる。今日は傘を持ってきていない。サンライズビルを出ると、何となくビルを振り返った。雨が実直の全身を打つ中、ビルが巨大な塊として自分にのしかかってくるようだった。

しゃべるネコ、ボロ

傘を買う気にもなれず、ずぶ濡れのままアパートに帰宅すると、植え込みの白いものが目にとまった。

近寄って見ると、白い猫だ。野良猫のようだが恰幅が良い。目が合うと、猫は「にゃあ」と小さく鳴いた。無視しても良かったが、なぜか気になり、声をかけた。

「君もずぶ濡れだね……。僕と同じだ」

猫は実直を怖がって逃げるどころか、優しい目で実直を見つめた。温かい眼差しに惹かれ、実直は猫を抱き上げた。猫はまったく抵抗せず実直を見つめ、再び、にゃあ、と鳴いた。

「お腹すいてるの？」

実直が話しかけると、首を動かして、うなずくような仕草をした。

「すいてるんだ……って偶然だね。じゃあちょっとだけ待っててね」

言うが早いか、実直はずぶ濡れのまま、近くのコンビニに行き、一番高いキャットフードと自分の弁当を買って戻ってきた。

「買ってきたよ。ずぶ濡れでボロボロ、僕と同じ。お風呂に入れてあげるから、来て」

そう実直が声をかけると、不思議なことに猫はついてきた。いつの間にか、実直はこの猫を部屋に入れる気になっていた。部屋に入ると、ずぶ濡れになったスーツを脱ぎ捨て、猫と風呂に入った。

「そうだなあ……まずは君の名前だね。ボロボロだったから『ボロ』だ。じゃあボロ、洗ってやるから、おとなしくしててね」

猫は不服そうな顔をしたような気がしたが、構わず呼んだ。植え込みの泥を丁寧に洗い、タオルで拭くと、真っ白で美しい毛並みが現れた。血統書付きの猫のようだ。本当に野良猫なのか、少し心配になったが、まあそのときはそのときだ、と思い直した。

「ボロ、ホントはキレイな猫なんだ……まあいいや、ご飯だ。お弁当をレンジに、と」

そうつぶやきながら、キャットフードを紙皿にあけ、ボロに差し出した。

ボロは上品にキャットフードをほおばり始めた。レンジがチンと鳴り、実直も弁当を食べ始めた。1人と1匹の食事が終わると、実直はすっかり乾いたボロを抱き上げてベッドに寝ころんだ。


「僕って一体なんなんだろう……」

寝ころびながらボロを両手で支えて自分の顔の前に持ち上げ、ボロに話しかけるように、独り言をつぶやいた。

「今日さ、ショックだったんだ……お客さんに怒られて……君の存在意義は何だ、って。去年から進歩しているのか、って。まったくの正論で……情けなくなって、気分悪くなって……売上は取れないし、同僚には怒られるし……」

ボロは黙って静かに聞いている。

「昨日と同じ今日、今日と同じ明日、毎日同じでつまんない、って思ってたけど、まだマシだったんだ……明日は、今日よりもっとイヤな日だ……会社行きたくないよ……」

「何でこんなことになっちゃったのかな？　入社したときは、うれしかったんだ。広告代理店って人気高いし。勝ち組かな、なんて思った。でも、僕は今、負け組だ。僕をサエナイって呼ぶヤツもいるし……」

実直の目に涙が溢れてきた。

「こんなはずじゃなかったのに……。このままじゃ、また今日と同じ明日だ……わかってた。わかってたんだ……。でも、何をどうすれば……なあボロ、どうすればいい？」

「昨日と同じ今日、か……」

頭に響く低い声が突然聞こえた。

「そうなんだよ……、って誰だ⁉」

実直は驚いて周りを見回した。ＴＶもついていない。背筋に寒さが走った。今確かに声がした。幻聴か？　僕もついに、ここまでか……。

「昨日と同じ今日……それでは確かに進歩がないのう」

再び声が聞こえた。人間の声ではないような、低く頭に響く声。ま、まさか⁉

「まさか、ボロ、オマエか⁉」

ボロがいたずらっぽく笑ったような気がした。

「どうやらお前は良い人間のようじゃ。ここまでしてくれるのじゃからな」

「……」

「うわあああ!!」

叫んで思わずボロを投げ出すと、ボロはくるりと一回転して着地した。太っているとは言え、さすが猫だ。

「なんじゃ、ほめたと思ったら年寄りを投げおって。年寄りは大事にせい」

「ね、ね、ね、猫が……しゃ、しゃべった?」

実直は思わずバタバタと後ずさりした。背中に壁が当たった。少しの間、沈黙が続いた。

「親切な若者よ。お悩みのようだな。名は何という?」

「……ぼ、ぼ、僕は……僕は……」

ごくん。つばを飲み込んだ。壁によりかかったままボロを見ると、相変わらず優しい目で実直を見ている。確かにこの猫は、言葉を解しそうな神々しさをまとっている。この猫にはどこかで会ったことがある気もした。しばらく見つめ合っていると、落ち着いてきた。

「僕は……ひなたさねなお。事情はさっき話した通り」

「良い名前じゃな。名は体をあらわすというが、今時素直そうな若者じゃ」

「よしてくれよ。お人好しは損をするばっかりさ。いいことなんて、一つもないよ」

実直はボロと話し始めた。いつの間にか怪異を受け入れていた。

「そんなことはない。おぬしのお客様も良い人ではないか」

「うん。電話で怒られた。進歩がないって」

「お客の立場なら、メールで送りつければすむ話じゃ。それをわざわざ電話して、怒ってくれるなぞ……ワシの時代ならともかく、この時代には稀少な存在じゃ」

猫の口から、お客やメールという言葉が出てくるのは不思議な感じがした。いや、猫が話している時点で、そんなことは小さいことか、と思った。

「そうか、あれはお叱りだけど、励ましだったのかも……。うん、きっとそうだ」

「そうでなかったとしてもそう捉えるがよい。その励ましに応えよ」

「そうだね……うん、そうだね。確かに、ありがたいよね」

ボロは黙って聞いていた。実直はボロを再び抱き上げると、寝ころんで目の前に掲げた。

「そう言えば、怒られて、真っ青になったときに、スポーツドリンクを持ってきてくれた同僚がいたんだ……その子にも感謝しないとな……」

「なんじゃ、女性か？」

「うん。冷たい子、って思ってたけど、そのときだけは慌てちゃってて、僕はふらふらだったけど何か可笑しくって……」

「真実は行動にのみ表れる。その子の行動がその子の真実じゃ」

「そうだね……。冷たそうに見えるけど……そう言えば、鳥野さん、今日の朝もちゃんと声かけてくれたんだ。本当に冷たかったらそのまま無視していくよね」


「……おぬしは人生を変えたいか？」


ボロが突然尋ねた。実直はしばらく考えてみたが、その答えを口にしなかった。

「今のままでも仕事はあるし、お金はそこそこもらっているし、そのうちいいことがあるさ。そんな感じかの？」

実直の顔が引きつった。何でわかったんだ、と顔に書いてある。

「いいことはいつか勝手に起きてくれるのか？　10年後、おぬしはどうなっておる？」

実直は考え込んだ。相変わらず仕事はぱっとせず、クライアントに怒られ……。

「うん……、わかってたんだ。でも、見ないふりしてた……。今日、現実を直視させられたんだ……。でも……何をどうやって変えれば……わからないから、見ないふりを……」

実直の目に再び涙が溢れた。

「おぬしが望むのなら、風呂とおいしい食事の礼に、強力な武器を授けてやろう」

「ぶ、武器って？　何でも切れる魔法の剣とか？」

「そんなものがあればわしも天下を……まあよい。武器と言っても、目に見えぬが、使い方次第ではお前の明日を変えられる」

明日を変えられる武器。興味が湧いた。このままではダメなことは今日全身で実感させられた。実直は、うん、欲しい、と軽く答えた。

「1つだけ条件がある。猫が言葉を話すなどと、他人に話さないことじゃ」

「うん。こんなこと誰かに言っても信じないしね。でも、話の内容を話すのはいいでしょ？」

実直は素直に応じた。猫が話し始めた時点で現実離れしている。

「素直なことはおぬしの最大の強みかもしれんな。うむ、誰かから聞いたという程度なら話しても構わん。あとは、毎食高級キャットフードじゃ」

「あのキャットフード、いくらしたと思ってるんだ……ボロ、メタボに気をつけろ……でも、うん、いい。僕の食費、削る。それで明日が変わるんなら安い投資だよ」

「良い心がけじゃ。そのうち、涙を流して感謝するようになるぞ」

「で、どんな武器なの？」

得意気に言うボロを無視して実直は先をせかした。

戦略BASiCS

「負け組、というからには負けた相手がいるのであろう。誰と戦って負けたのだ？」

「誰、って言われても……誰だろう？」

確かに誰に負けたんだ？　高橋課長？　上司？　いや、今回の敗因はクライアントでも上司でもない。第一、負け組の比較基準としておかしい。

「誰に負けたかもわからぬのに、負け組、などという言葉をおぬしらは使うのか？」

そりゃそうだ、と思った。まさかそんなことを猫に教わるとは思わなかった。

「お前は今、どこで誰と戦っているのか？」

ボロがゆっくり、はっきりと言った。

「僕は今、どこで誰と戦っているのか？」

実直は口に出して繰り返した。

「メモを取ったほうが良いと思うぞ」

猫の言うことにバカらしい、とも思ったが、今の問いには真実が含まれている気がした。実直はこの出会いに運命的なものを感じ始めた。「うん」というと実直は白紙のノートを1冊取り出してきた。

「最初のページは空けておけ」というボロに「わかった」と答えて2ページ目を開け、

「お前はどこで、誰と戦っているのか」

と大きく書いた。しばらく考えていた実直は、おもむろに口を開いた。

「なあボロ、これって仕事のことだよね？」

「とも限らぬが、それが真っ先に出た、ということは、それが一番の悩みじゃろ」

確かにそうだ。一体この猫はなんなんだ？

「じゃあ仕事から考えてみるね……。僕は今、どこで誰と戦っているのか？」

「どこで、が『戦場』で、誰と、が『競合』。戦場と競合の定義、じゃの」

「なるほど。どこで誰と戦っているのか、は、戦場がどこで、競合が誰か、と」


「戦場は……サンデー広告社か？」

確かに毎日怒声が響き、「戦場」という言葉にふさわしい。しかし、誰と戦っているのか？　鳥野智子は……どちらかと言えば味方か。高見理香には毎日罵倒されるが……戦っているのか？　敵が上司というのも変だ。


「よくわからないよ。戦場はどう定義すればいいの？」

「諦めが早いヤツじゃの。まあ最初はしょうがないかの」

ボロが机にひょいと飛び乗り、ノートをのぞき込んだ。メタボとはいえ、さすが猫だ。

「戦場を会社と捉えるか。そこの勝者は誰じゃ？」

「出世した人じゃないかな」

「じゃあその出世をめぐって戦っている人間がライバルではないか？」

「なるほど。僕は営業だから、制作の鳥野さんと高見さんとは、出世という意味では競合しない。むしろ鳥野さんと高見さんが将来の制作ディレクターをめぐって戦ってる」

同僚の鳥野智子と高見理香について、実直はかいつまんで説明した。

「鳥野智子、か。いい名前じゃ。サエナイ呼ばわりするのが高見理香、か、いいセンスじゃの……くっくっく……」

温厚な実直もさすがにカチンと来て、このデブ猫！　と思ったが、猫に怒るのも大人げないと、何とか抑えた。

「おぬしが仮に出世したいとして、当面のライバルは誰じゃ？」

「その意味では、その2人は競合しない。むしろ味方だし、味方になってあげたいな。出世という意味では、営業部の先輩後輩たちがライバルになるかな」

「そうじゃな。戦場にサンデー広告社を選ぶとそうなるの」

「他にも戦場があるの？」

「おぬし、転職は考えておらんのか？　能力はともかくとして、だな」

「いちいちひっかかるね。あ！　転職となると、競合は同世代のビジネスパーソン」

「どこに転職するのじゃ？」

「外資系の広告代理店、かなぁ……あ！　戦場も競合も変わる！　その場合の戦場は、広告の営業職だよね。競合は、転職する際に比べられる、営業職の人たち、だね。外資系広告代理店に履歴書を送る人たち」

再び叫んで実直はノートに記入した。

「外資系の会社に行くんじゃの？　じゃぁ英語はできるのか？」

「ううん、ダメ……そうなると日本の代理店かぁ……それだと今度は業界トップのギガ広告の営業の人たちも競合かぁ……厳しいなぁ……」

「そうじゃ。外資系広告代理店、という戦場では、英語がいる。じゃが、サンデー広告社にいれば、英語は不要かもしれぬ。**戦場によって戦い方が変わる**ということじゃ」

「なるほどね。戦場によって戦い方が変わる、か……。じゃぁ**戦場を決めないと、どう戦って良いのか、わからない**じゃないか！」

実直は、自分は一体何がしたいのか、自分の心の中のもやもやとしたものの正体がわかりかけてきた気がした。そんな小さな気づきの感慨にふけっていると、ボロが毒づいた。

「だからどこで戦っているのか、と聞いたんじゃ。お前は人をバカにしておるのか」

「人じゃないじゃん」

「……今はそうじゃったな……」

ボロは今それを思い出したかのように言った。

「まあいい。人の話の腰を折るな。だから、最初に『どこで誰と……』」

「戦っているか、戦場と競合の定義。わかった、それが〝明日を変える武器〟なんだね」

「おぬしは本当にサエナイのう……それで明日が変わったら苦労せん。高見理香の気持ちがわかるわ。これは最初の1つ、全部で5つじゃ。5つ揃って1つの完成した武器となる」

「5つで1つの武器ね……ロールプレイングゲームみたいだね。勇者の剣、勇者の鎧、勇者の盾、勇者の兜、勇者の腕輪……5つ揃うと、最強の勇者になって魔王が倒せる」

「ゲームも良いが人生はもっとエキサイティングじゃぞ。が、喩えとしては悪くない」

「じゃあじゃあ、残りの4つを早く教えてくれよ！」

実直は、心の霧が少しでも晴れたのがうれしかった。現金なもので、ボロを信じて良いような気になっていた。

「今のおぬしには無理じゃ。ゆっくり進め。そのほうがワシも食事に長くありつける」

「何だよ、それ……ねえ、これ、個人のことにしか使えないの？」

「もともと戦に勝って天下を取るための武器じゃが、何にでも使える。現代の戦は会社同志の戦じゃろう。いわゆる競争戦略としても、もちろん使える」

「ふうん、つまり、この武器って、競争戦略のことなんだ？」

「しまった、言ってしもうた！　まあ良い、いずれわかることじゃの。そうじゃ、この武器は、**戦略BASiCS**（ベーシックス）と言う」

「ベーシックスって、英語？　ボロ、英語もできるの？」

「『戦場』がBAS·iCSの最初の要素じゃ。サンデー広告社の場合で考えてみよ」


ボロは実直の問いに答えず続けた。


「ホント変なネコだな……。どこで、誰と戦っているのか……そうか！　今回の場合で言えば、うちのビジネスを奪った、安井プロダクションだ。その場合の戦場は……ポスターデザイン戦場、かな。もっと言えば、フレンドコスメ社の販促費をめぐっての戦場」

「その戦場には、他に誰がいるのじゃ？」

「フレンドコスメさんに入ってる代理店はみんなそうだ。広告代理店1位のギガ広告社と、今回の安井プロダクション。それが競合か。で、この空けておいた最初のページは？」

「5つの要素の、これが最初じゃ。**Battlefield**と一番上に書け」

「ば、ばとるふぃーるど、って……まあいいか、今さら。**Battlefield**かぁ……なんかかっこいいね。どこで誰と戦っているのか、戦場はどこか、と」


実直はノートに記入した。

「ね、最初が **Battlefield** で、あと4つあるんだよね？」

「そうじゃの。BASiCSの最初がB、そのあと、A、S、C、S、と続く。5つ並んで、BASiCS、じゃ」

「BASiCSかあ……。何かの頭文字だよね。あ、『基本』ということだね」

「そうじゃの。ベーシックス、戦略の基本という意味もある」

「これ、外国人が考えたの？」

「いや、まごうことなき日本人が考えた、日本古来の戦略ツールじゃ」

「ふーん。間のiは何？　まさか……強引な語呂合わせか？」

「う、うるさいの……ふああ、寝るとするか。わしの寝床はどこじゃ？」

「そこらへんで適当に寝てくれ」

「そんなこと言うと、出て行くぞ。そこに気持ちよさそうな場所があるではないか」

ボロは、ベッドの羽毛布団の上に飛び乗って丸くなるとすぐにいびきをかきはじめた。

「猫もいびきをかくんだな……ってこんな時間か！　僕も寝よう」

実直はノートを閉じ、表紙に大きく「ボロノート」と書き、その下に「戦略BASiC

S」と書き加えた。何だかボロっちいノートみたいだな、と思った。まあボロボロの僕にはお似合いか……。

実直はボロを起こさないように、布団にそっと入った。昼間のショッキングな出来事は、隣にいるネコとのもっとショッキングな出来事に上書きされ、実直はあっさりと眠りについた。

Battlefield（戦場・競合）の理論解説は、240ページにあります。合わせてご参照ください。

Chapter 2

Asset

決意

お前は誰か？　お前らしさとは何だ？

智子の怒り

翌日、携帯の目覚ましで起きると、ベッドの上に白い猫がうずくまっていた。

そうだ。昨日、この猫と話したのだ。あれは夢ではなかったのか。窓から外を見ると、雨はやんでいたが、曇り空。濡れている地面が昨日の雨の激しさを物語っていた。

「ふわぁ……今日はどんな日かの？」

そう言って、ボロが送り出してくれた。

実直は通勤電車で、ボロとの会話を綴った例のボロノートを取り出した。

「お前はどこで誰と戦っているのか……か。サンデー広告社は、フレンドコスメ社の販促費をめぐって戦っている……」

高橋課長に言われたことを整理してみた。

「去年と同じじゃ進歩がないだろ！」

僕は、去年の僕とも戦っている。……そうか、去年の自分に勝っていれば、安井プロダクションにも負けなかった。去年と同じだったから、他社にマネされて負けた……。去年と同じ今年、それがダメだったんだ。

ボロが話し出したシーンがふと頭に浮かんだ。「昨日と同じ今日」それがボロの第一声だった。「昨日と同じ今日……それでは確かに進歩がないのう」ボロはそう言った。

やはりそうだ。今日が昨日と同じなら、進歩がない。明日が今日と同じなら、やっぱり進歩がない。そして……一年後……やっぱり進歩がない。

高橋課長の声が頭に響いた。

「去年と同じじゃ進歩がないだろ！」

高橋課長が本当に言いたかったことがようやくわかった気がした。

「今日はどんな日かの……」

今日ボロはそう言って送り出してくれた。昨日と同じじゃダメ。でも、どうすればいいい？　変えればいいってものでもないだろうし。ボロは戦略を考えよ、と言っていた。戦略ＢＡＳｉＣＳ、それが武器の名前だと。最初は、どこで誰と戦っているか、**Battlefield**。考えている間にあっという間に池袋駅についた。曇天にそびえ立つサンライズビルは、やはり巨大な壁のように見えた。

夕刻に手が空いた実直は、再びボロノートをカバンから取り出した。

「どこで、誰と戦っているのか……」

そうだ、まずは去年の自分と比べてみよう。空いている会議室のテーブルに、ラブリーリップの去年のポスターと今年のものを並べて比べてみた。確かに大差ない。そのように作ったのだから。一昨年のポスターはどんなのだっけ？　そう言えば、今回見てなかった……制作部で保管してるはずだ……。

昨日のこともあり話しかけにくかったが、いいきっかけだと思い直し、智子の席に向かった。智子も何か考えごとをしているようだった。

「鳥野さん……ちょっといいかな」

智子は黙って日向を見た。用があるなら早く言いなさい、と冷たい顔が言っている。

「いや、ちょっと昨日の反省をしているんだけど……」

「いい心がけだわ！　ちゃんとやっておきなさいよ！」

席が智子の近くにある理香からイヤミが飛んだ。

「私も、気になってた。それで、日向くん、どうしたいの？」

「とりあえず、近年のクリエイティブを比べてみようと思って。一昨年のラブリーリップのポスターってある？」

智子の目が「なるほど」と言った。

数分後、智子が大きなポスターを持って実直のいる会議室に入り、一昨年、去年、そして今年提案したラブリーリップのポスターを並べてみた。

「うん……日向くんに『去年と同じで』って言われたときに感じた違和感ってこれだわ」

「一昨年より、去年のほうが明らかにいい。似てるようで、2、3歩進んでる感じがする」

「そうね……そう考えるとやっぱり、今年、これじゃダメだったのよ……」

「高橋さんもこれくらいの改良は期待するよね。去年と同じじゃダメ、って言われたのが一目瞭然だ……。高橋さんの怒る気持ちが、わかった気がする。今更だけど」

「私も気付けば良かったのよ。これ、いいね。去年だけじゃなくて、もっと昔のも出してくると、何かこう、方向性がよりわかりやすくなるっていうか……。いいヒントをもらった気がする。ありがとう、日向くん」

智子の冷たい表情が少し和らいだ。

「やっぱり、僕たちがきちんと話をしないとダメだね、当たり前なんだけど……僕の反省だけど、最近、惰性で仕事をしてて、不完全燃焼感みたいなものを感じて……」

「そうなのよ！」

はっとした顔で実直を見ながら、智子が珍しく大きな声で叫んだ。

「私もそう感じてた！　**私、これでいいのかな**、って。……私だけじゃなかったんだね」

智子の表情がさらに和らぎ、堅さが取れたように見えた。ふと実直が口を開いた。

「鳥野さん、今日、帰りにご飯一緒に食べない？」

「え⁉　珍しいじゃない。ど、どうしたの？」

「えっと……思ったんだ。このままで終わらせたくないな、って。どうすればいいかはわからないけど、とりあえず今日を変えないと、明日が変わらない、って。今日、電車の中で決めたんだ。今日は何か、昨日とは行動を変えよう、って」

「今日を変えないと明日が変わらない、か……そうだよね」

「こないだのスポーツドリンクのお礼もしたかったし……」

「あ、ごめんね、忘れてて！　だ、大丈夫だったの？　無事帰れたんだよね？」

「うん、今日は大丈夫。鳥野さんのおかげかな」

「良かったあ……」

智子の顔が安堵につつまれた。今日は珍しく表情がよく動く。

「明日から3連休だし、たまには行こうか。7時には終わると思うわ。理香も誘うね」

「了解。じゃあ7時に」


席に戻った実直は、しばらく悩んだ後、高橋課長に電話を入れた。挨拶もそこそこに実直は言った。

「昨日は申し訳ありませんでした。今回はダメでしたが、今後も頑張ってまいりますので、なにとぞよろしくお願い申し上げます」

「わざわざそれで電話くれたの？」

高橋が電話口で面食らっている様子が伝わった。

「え、ええ……あ、申し訳ありません、お忙しいときにお時間をいただき……」

「いや、そうじゃない。むしろ逆だ」

実直は、思い切って言ってみた。

「実はさっき、一昨年、去年、今年のラブリーリップのポスターを比べてみました」

「ほう。それで？」

「高橋課長の言われたことがわかったような気がしまして。あ、生意気なようですが」

高橋は黙って聞いていた。

「去年と同じじゃ、進歩がないですよね……。来年はぜひ頑張ります」

「うん……」

電話口で高橋が微笑んだような気がした。

「来年はどうなるかわからないけど、サンデーさんにも声はかけるようにするよ。来年とは言わず、他の商品もあるんだから、頼むよ！」

「はい！　ありがとうございます！」


思わず実直は立ち上がってぺこりと礼をした。電話に礼をする実直を、実直の上司、営業ディレクターの鈴木が不思議そうに見ていた。

＊

３連休を控える金曜の夜だからか、混んでいる騒々しい洋風居酒屋で、３人がテーブルを囲んでいた。久しぶりの同期会。あらかた食事も終わり、酔った３人は饒舌になっている。酔った理香の攻撃が冴えわたる。

「だからアンタ日陰のサエナイって言われんのよ、バーカ」

「ほら、智子も何とか言いなさいよ」

「わ、わたしは別に……」

「何よ、智子はいつも自分だけいい子ちゃんしてさ」

「高見さんがひどいだけだよ」

「何よ、サエナイのくせに。アンタのスーツもサエナイねー」

「高見さんのスーツだって……真っ赤で、派手すぎ……」

「なにぃ？」

「い、いや、すごくいい色だね……ええと、鳥野さんは、いつも黒のスーツだよね」

実直はあわてて会話の方向を変えた。

智子の表情が陰った。

「え？　あ、う、うん……」

「鳥野さん、黒いスーツが好きなんだよね？」

眼鏡の奥の智子の目尻が突然つり上がった。

「何よ、黒が好きじゃ悪い？」

「い、いや、悪くないけど……」

あわてて実直が取り繕う。理香も不思議そうに智子を見た。智子がこのような口の利き方をすることはまずない。な、何か悪いこと言ったかな？　と、とにかくフォローしないと。

「い、いや、黒のスーツって鳥野さんらしくって似合うなって……」

智子の目が険しさをさらに増した。

「私らしい、ってどういうこと⁉　黒は私らしい色なの？　私らしさって何よ⁉　黒い私が私らしいの⁉」

「ど、ど、どうしたの？　高見さんならともかく、鳥野さんらしくないよ……」

「私らしくないってどういうこと？　理香はいいのに私が感情を出しちゃいけないの？　いつも冷たくしてるのが私にはお似合いだっていうの⁉」

「い、いや……そういうわけじゃ……」

「知った風に言わないでよ！　日向くんは私の何を知っているっていうのよ！」

智子が珍しく感情をむき出しに怒鳴った。周囲の視線が一斉に実直たちに注がれた。

「ちょ、ちょっと智子、どうしたのよ、アンタ」

「理香はいいよね！　いつも自由で！」

理香が珍しくあっけにとられた顔をした。

「私、帰る！」

テーブルに5千円札を叩きつけ、智子が立ち上がった。

「と、鳥野さん、ちょ、ちょっと待って……」

実直が後を追うと、「来ないで！」と智子が叫んだ。ちらりと見えた智子の目は真っ赤になり、涙が浮かんでいたように見えた。席に戻った2人はしばらく黙っていた。


「アンタ、地雷踏んだね」

「で、でも、スーツが黒って地雷なのかな？」

「私だって知らないわよ。あの子のあんなところ、今まで見たことなかったからさ。冷静に見える智子にも、あんな一面があったんだねぇ。人間ってわからないもんだ」

「鳥野さんってさ、なんていうか……演じてる冷静さみたいの、ない？」

「サエナイ、よく見てるじゃない。私もそう思う。もう3年以上一緒なのに、ホンネで話してくれないっていうか……。アンタちゃんとフォローしときな」

「ぼ、僕が？　僕のフォローじゃ……やっぱり高見さんのほうが……」

「イヤ、多分サエナイじゃないとダメだ。あの子、私には絶対にあんな感情を出さないんだよ。サエナイだからああなったんだ」

「ど、どういうこと？」

「アンタにはね、言いやすいんだよ。良くも悪くも。あたしもそうだし、高橋さんも、アンタだからこそ叱れたんだと思うよ。智子も、アンタだから言えたんだ……」

複雑な気分だ。ほめられているのかけなされているのか……。

「良くも悪くも、って、良いことなんかないけど……サエナイとかって呼ばれるし……」

理香が珍しく苦笑した。

「何よ、文句あんの？　ま、私もフォローしとくけど、アンタもするんだよ」

帰りの電車の中で、実直はゲーム機を開く気力もなく、アタマの中で「私らしい、ってどういうこと⁉」と問いつめる智子の顔が何度も再生された。その映像を繰り返し見るうちに、その目は、怒っているというより、助けを求めている目のように思えた。

輝いていたあの頃

部屋に戻ると、ベッドでボロが気持ちよさそうに寝ていた。そうだ、ボロがいたんだ。

「ボロ、いい子にしてたか？」

「その言葉そっくりおぬしに返すぞ。なんじゃい、情けない顔をして」

昨日のようにベッドの上に寝っ転がり、ボロを抱えて目の前に掲げ上げながら、ボロに今日の一部始終を話した。

「そうか、今日は昨日と違う日だったか。それは良かったのう」

「でも、昨日より悪くなったよ。鳥野さん、怒るし……」

「ではその鳥野智子が笑っていれば、今日は良い日だったのか？　では問う。そもそも、良い日、とは、どういう日のことじゃ？」

そう言えばよくわからない。毎日なんとなくの不満はあったが、ではどういう日であれば不満がない日なのか、考えたことはなかった。しばらく考えたが、答えは出なかった。

「**自分がどうしたいのかがわからないのに、良くなるも悪くなるもなかろう**」

「……そりゃそうだけど……でも、女の人ってよくわからないな……」

「では、おぬしは自分のことをわかっているとでもいうのか？」

「もちろん」

「では、**お前は一体誰だ？**」

「日向実直。埼玉県在住。昨日言ったじゃん」

「おぬしの名前や住所が変わったら別人になるのか？」

「名前が変わっても、住所が変わっても、僕は僕だと思う」

「では、10年前のおぬしと今のおぬしは同じ人物か？」

「そう言われると違うような気がするし、一緒のような気もする」

「では、**お前は一体誰だ**と言うのか」

自分とは一体誰か。誰でも一度は考えたことがある。就活時代にも、就活マニュアルに従ってやってみたが、自分のなかでは腑に落ちず、あきらめたことを思い出した。

「ボロ、これって……昨日の続きか？」

実直はあわててボロノートを取り出した。

「**戦略BASiCSの要素、その2**、じゃ。質問を変える。**お前らしさとは何だ？**」

僕らしい、って何だろう？　僕って誰なんだ？　僕は僕のことを本当に知っているのか？　ノートに記入しながら、実直は考えた。

「私らしさって何よ！」

智子の声が頭の中で再生された。

「僕は鳥野さんのことを何も知らない。黒いスーツが多いとか、そんな表面的なことしか……そうか、軽々しく『らしくない』なんて言ったから……。そりゃそうだ、自分のことすらわかってないのに……」

「鳥野さん、『鳥野さんらしくない』なんて言って、本当にごめんね」

実直はボロノートに、無意識のうちにそう書いていた。

「自分らしさ、とは、おぬしらの言葉で言う『DNA』じゃの。住所が変わろうと、整形しようと、DNAは変わらん。それがおぬしのおぬしであるゆえんじゃ」

「じゃあ、DNA検査すればわかるの?」

「相変わらずサエナイ冗談じゃの」

「い、いや、本気だったんだけど……じゃあ、どうすればわかるの?」

「おぬしの過去を知れ。おぬしらしさは、おぬしの過去の中にある。ワシも多くの人間を見てきたが、一人の人間は、面白いように同じ行動を繰り返すものじゃ」

「どういうこと?」

ノートに書き込みながら、実直は聞いた。

「おぬしの過去の行動は、一見バラバラでもその底にある動機は一緒、ということじゃ。明日から3連休じゃろ。実家に帰ってみたらどうじゃ?」

「実家は新潟の上越市ってところなんだ」

「越後なら今は新幹線ですぐじゃろ。週末に帰ってみろ。おぬしのDNAを探れ。昔のアルバムを出し、なぜそのような選択をしたのか、そのときの本当の動機、隠れた欲求をえぐり出すのじゃ。ご両親にも聞け。昔の友人にも会うのじゃ」

「でも遠いし、半日がかりだしなぁ……いいよ、面倒だから」

「負け癖がしみついておるの。まあ人間なんてそうは変わらんからの」

「そんなこと言ったって、お金も結構かかるよ……。別にここでもできるじゃん」

「そうじゃろそうじゃろ。やらない理由を並べ立てるのは得意じゃの。さすがじゃ！」

「でも………そんなことしてすぐに変われるわけでもないだろ」

「中身はすぐには変わらん。しかし、**行動はすぐに変えられる。そして それ以外に中身を変える方法もない。**考えているだけで変われるわけがなかろう」

今日の行動を変えなければ明日は変わらない……去年と同じではダメだ。高橋課長に言われて、そう決心したのではなかったか。


「……でも、僕のルーツなんて……。僕のことは僕が一番知ってるよ」

「おぬしは、おぬしの何を知っているというのだ？　お前らしさとはなんだ？」

「私らしさって何よ！」

そういう智子の顔が浮かんでは消えた。

「もう言わん。おぬしの将来を決められるのはおぬしだけじゃ」

そういうと、ボロは目を閉じた。

「……わかった……。わかった。行動を変える。今までも思ってるだけじゃ、何も変わらなかった。うん、帰ってみる。せっかくだから友達にも会うよ。ボロはどうするの？」

「また越後に帰るのも面倒じゃから、ここで寝ておる。ワシの食事は準備しておけよ」

「またえらそうに……」

そう言った実直の顔を晴れやかだった。やると決めれば、やることは明確だ。夜は更けていたが、実直は携帯電話で実家や友人たちに電話をかけはじめた。

*

翌日土曜日の夕方、地元の駅で高校時代の卓球部の同期の男子5人が迎えてくれた。実直を入れて計6人が同期で、今までも定期的に集まっていたが、今回は久しぶりだ。

高校時代の仲間とは、会っていなかった時間をすぐに飛び越える。郷土料理を肴に、近況報告や昔話に花が咲いた。久しぶりに気持ちよく酔った実直は、トイレに立った。鏡の中の自分は真っ赤な顔をしていた。

席に戻ると、何かを囲んで見ながら、みんなが「おー、若い」と口々に叫んでいる。

「なになに？　夏合宿の写真か！」

実直が懐かしそうに写真を見た。

「そうそう。こないだ大掃除をしてたら見つけたからさ、持ってきたんだよ」

真っ赤な体操着に身を包んだ凛々しい男子6人がラケットを持って並んで写っている。もうみんな見たから、と実直に写真を渡してくれた。懐かしそうに写真を見ていた実直は、10年前の自分の目は、力強い輝きを放っていることに気付いた。今トイレの鏡の中にいた、生気の無い目とは違い、強い光を放っている。実直の高校は進学校だったこともあり、決して強いチームではなかったが、授業もそこそこに夢中になって練習し、全力で試合に挑んだ。それは実直が一浪した原因の1つでもあった。


「日向、何かうれしそうだな。どうした」

「いや、この頃の僕、輝いてるな、と思って。何でだろうね……？　あのときは卓球のことしか考えてなかったからかな？」

「色々戦略も考えて戦ったな。団体戦で、向こうのエースにうちの誰をあてて、とか」

「そうでもしないと、うちの学校は、運動神経じゃとてもかなわなかったしな」

「日向、試合中に自分で自分を応援してたよな。大声で「ここ大事だぞ、集中！」とか言って。よく恥ずかしくなかったな。会場であんなことやってたの、お前だけだったぞ」

「うるさいな、あれで集中できるんだよ」

「日向、今でも仕事場でやってるんだろ。『ここ大事だぞ、集中！』とかって」

「そんな恥ずかしいことできるかよ……」

「あんときは恥ずかしくなったのか？」

「そう言えば、あのときは全然……」


実直はふと考えてしまった。卓球をしていたとき、恥ずかしいなどという感情は浮かばなかった。それだけ夢中だった。今は……仕事には夢中ではない、ということか？


「でもさ、実際日向はよく勝ってたよな。卓球の名門、信越商業のヤツにも勝ったし」

「ああ、そんなことあったな。一回だけだけどな。相手は年下だったし」

「いや、日向が勝ってオレはうれしかった。オレらも頑張れば名門校に勝てるんだ、って」

「そうそう。大体試合って実力の70％くらいしか出せないけど、日向は120％出てた。今だから言うけど、なりふり構わずやれてた日向がちょっと羨ましかった」


実直は曖昧な笑顔で返し、考え込んだ。70％の今の自分と、120％の昔の自分。あの頃、今感じる閉塞感はなかった。年のせいかと思っていたが、本当にそうなのか？

「日向、ちょっと恥ずかしい告白していいか？　オレさ、つらいとき、あんときの日向のこと、思い出すようにしてる。オレはあそこまで一生懸命やってるか、って。恥ずかしいとかそんなこと考えずに、なりふり構わずやってるかって……」

その隣に座っていた友人が驚いた顔で振り返った
「オマエもか？　実はオレもなんだよ！　恥ずかしくて言えなかったけどな」

何より驚いたのは実直自身だった。自分が忘れてしまった自分を友人が覚えていた。そしてそのときの自分を励みにしてくれているという。

「日向、ちょっとやってくれよ、あんときみたいにさ。『ここ大事だぞ、集中！』って」

「こ、ここでか？　そうだな、久しぶりにやるか。いつもこんな感じだったよな？」

ラケットで顔をあおぐような振りをした。ラケットをギュッと握りしめるかのように右手を握りしめ、叫んだ。


「ここ大事だぞ、集中！」


わっ、と歓声があがった。

実直はもう一度、自分に渇を入れるかのようにつぶやいた。

「ここ大事だぞ、集中！」

実直は久しぶりに仲間に会い、本当の自分が戻ってきた感覚をおぼえた。

実直は、「おぬしらしさは、おぬしの過去の中にある」というボロの言葉を思い出していた。高校時代の写真も必ず返すという約束で借りてきた。実家に帰ると、両親への挨拶もそこそこに、ボロノートを取り出した。

「自分のDNA」

と大きく書き、今日の仲間たちとの会話を書き綴っていった。赤字で大きく太く、「ここ大事だぞ、集中！」と書いた。

高校時代の、目が輝いていた実直が今の自分を見つめ、励ましてくれたような気がした。

＊

翌朝、実直はボロに言われたように、実家の自分の部屋をあさっていた。

真っ先に探したのは、卓球のラケットだ。ラケットは大事にしまわれていた。ラケットのケースには、太い油性マジックで**「今できることを精一杯やれ！」**と自分の字で書いてあった。担任の教師に言われた言葉だ。

当時はそれを純粋に信じ、頑張っていた記憶が蘇った。ラケットはすえた汗の匂い以外は、当時のそのままの状態だった。10年ぶりにラケットを握ってみた。頑張っていた昔の記憶が蘇り、握ったまましばらく感慨にふけった。

「何で卓球始めたんだっけ？　小学生だったな、確か。そう言えば、相手の虚を突くとか考えてた……。そうだ！　力を競うスポーツじゃ勝てないから、技で勝てそうな卓球にしたんだ！　**勝てる『戦場』を選んだ**んだ。意外に僕、戦略的じゃん」

思い出したことを次々に「ボロノート」に書き綴った。「今できることを精一杯やれ！」という言葉も赤字で大きく書いた。確かに部屋には、自分の歴史があった。中学時代に読みあさった、戦国時代の歴史小説や漫画。上杉謙信の本も多くあった。

「そうか、この頃から軍師になりたいって思ってたよな」

古いパソコンの戦国時代のゲームや、ボードゲームもあり、苦笑した。そう言えばこの手のゲームでは、実直は無類の強さを誇っていた。

「確かに昔からやることは変わってないな……」

比較的最近の段ボール箱には、学生時代の卒論が入っていた。

「『日本の国家戦略』か……今読むと恥ずかしいな。日本の軍師気取りだったな、あのときは……」

同じ箱に、戦略論の本も色々と入っており、懐かしそうに眺めていた実直の顔つきが突然変わった。

「思い出した！　広告代理店を選んだ理由を。競合とのプレゼンに勝つとか、そういうのが、現代の軍師の役割だ、って思ったんだ！」

昔から勝つために色々と考えるのが好きだった。確かに、卓球、戦国時代、ゲーム、卒論、そして広告代理店……その背後にある動機は、「戦略」という言葉で括られる。一見脈絡のなかった行動が、「戦略」「軍師」というキーワードで、点が線としてつながった。ボロが言っていたのはこのことだったのか……。

「おぬしの過去の行動は、一見バラバラでもその底にある動機は一緒」

ボロの声が頭に響いた。実直はボロノートに書き出していった。ボロは、武器とは戦略だと言っていた。これも縁か、神の導きか……。

母親と昼ご飯を食べながら、自分の子供時代のエピソードについて聞いてみた。親に聞くようにと、ボロに言われていたからだ。話すうちに、母親がこんなことを言い出した。

「そう言えばさあ、おまえが白い猫を助けたときは大変だったよ。車にひかれて瀕死の猫を見つけてさ、おまえがぎゃあぎゃあ大声で泣いて」

実直のアタマの中で、何かがフラッシュバックした。そうだ。今まで忘れていたが、白い、毛並みの良い太った猫を助けた記憶がある。

「絶対助ける、って、泣きながら動物病院に電話してね。お前は不器用だけど、取り柄があるとすれば、何でも全力で頑張るところだね。誰かのために頑張れるって、なかなかできることじゃない。これも母親の育て方が良かったんだと感謝するんだね」

「うん、ありがとう。今回帰ってきてよかったよ。昔のこともわかったしね」

実直は素直に口にすることができた。

「何だ、実直、昔のことを知りたいのかい？　ちょっと待ってな……」

母親は、こないだタンスの奥から出てきたんだよ、と言いながら中学校の卒業文集を持ってきた。全員が自分の将来の夢を書く欄に、医師、保母、看護師、先生、社長、総理大臣、などの夢が並ぶ中、実直の「夢」の欄には

日本の軍師になる

と書いてあった。背筋に電流が走った。思わず持っていた箸を落とした。

「お前は誰だ？　お前らしさとは何だ？」

答えが見つかった。色々な想いが奔流のように頭に流れ込んできた。何だよ、食事中に、という母親の言葉を振り切り、ばたばたと部屋に戻って、考えをボロノートに書き連ねていった。実家に帰省しなければわからなかった。人間とは、こんなにも自分のことを知らないものなのか。

「取り柄があるとすれば、何でも全力で頑張るところだね」

母親の言葉。

「今できることを精一杯やれ！」

ラケットケースに書いてあった言葉。

手元にある、高校時代の写真。きらきらと輝く強い目をした自分がそこにいた。それが本当の自分なのだ。戻れるだろうか。帰省、という行動を起こしたことで、随分進歩できた気がする。それは小さな小さな成功体験だったが、自信と勢いをくれた。戻れる、と思った。

「オレさ、つらいとき、あんときの日向のこと、思い出すようにしてる。なりふり構わずやってるかって」

昨日の友人の言葉も後押ししてくれた。何かが心の中で弾けた。

「うぉおおお！！」

思わず声に出して叫んだ。下から母親の何か言う声が聞こえた。

「よし、頑張ろう。もう70％はやめだ。何でもいい！　１２０％だ！　とにかく全力で当たってみよう！」

実直の目に久しぶり力がこもった。

「よし、ここ大事だぞ、集中！」

写真から声が聞こえたような気がした。

ふと智子の顔が頭に浮かんだ。その顔は、すぐ怒り出した。

「私らしさって何よ⁉　日向くんは私の何を知っているっていうのよ！」

自分が自分のことを知らなかった。一体僕は彼女の何を知っていたんだ。自分のことすらわからなかったのに、他人に「君らしくない」と言ってしまった。

「今日行動しなければ明日は変わらないぞ」

ボロの言葉を思い出した。

「今、できることをやろう！　そうだ、せっかくここにいるんだから、絵ハガキでも出そう。今日行動するんだ。明日を変えるために」

さっそく駅まで行き、土産物店で絵ハガキと切手を2枚ずつ買ってきた。まずは、高橋課長から……お客様だから、あまり馴れ馴れしいのもまずいか。

「ただいま、故郷の新潟県上越市におります。色々と思うところがあり、再度頑張ろうと決意いたしました。今後ともよろしくお願い申し上げます。　サンデー広告社　日向実直」

さあ、あとは……鳥野さん……。

「まずは、ごめんなさい。帰省して、自分のことを知ろうとして、自分が自分のことを知らないことに気づきました。鳥野さんらしくない、なんて言って本当にごめんね。色々自分のやってきたことなどを振り返ってみたら、やっぱり僕は僕であることがわかりました。僕は僕として、全力で頑張ることにしました。だから、鳥野さんは鳥野さんでいいんだと思います。お互いに頑張っていきましょう。会社で会えるのを楽しみにしています」

あ、あと、あれもだ。

「PS　あのときのスポーツドリンク、おいしかった。救われた気がします。本当にいつもありがとう。　日向実直」

絵ハガキは、郷土の英雄、軍神、上杉謙信の出陣姿だった。実直は智子へのハガキを愛おしそうに眺め、2通を大事に投函した。

連休最後の日、実直は、隣の駅にある上杉謙信の居城、春日山城の本丸跡を久しぶりに訪れた。謙信に呼ばれたような気がした。越後のヒーロー、謙信の像に向き合い、誓いをたてた。ふと銅像の口が動いたように見えた。「頑張れよ、おぬし」という低い声が頭に響いた。最近聞いたことのある声だ。幻聴か……？　いや、吉兆だと思い直した。郷土の軍神、上杉謙信から力を分けてもらえた気がした。

自宅に帰るとき、荷物は増えていた。卓球のラケットなどを紙袋に入れ、夜アパートの自室に戻ったとき、ボロはいつも通りベッドの上で眠っていた。

「帰って良かった。ボロの言う通りだった。自分のことが少しわかった気がする」

ボロを起こして、一部始終を話すと、それは良かった、とボロはうなずいてくれた。

「ところでさ、BASiCSの2つめの要素、まだよくわからないんだけど。最初が、『どこで、誰と戦うか』でしょ？　戦場と競合の定義、っていうのはわかった。今回のは『お前は誰、お前らしさとは』ってどういうこと？」

「そこまで理解したのなら先に進もうか」

「帰省しなかったら教えてくれないつもりだったのか？」

「当たり前じゃ。学ぶ意志のないものには学ぶことはできない」

いちいち正論だ。

「先生、学ぶ準備ができました。教えてください」

半分冗談だったが、半分本気だった。帰省して、ボロの言葉がハラに落ちた。少しずつ先に進んでいる実感もうれしかった。

「よかろう。**戦略BASiCSの1つ目がBattlefield、戦場・競合。2つ目はA。Asset、独自資源、じゃ。自分にしか無い資源、**ということじゃな」

何でそんな言葉を知っているんだと思いながらも、実直はボロノートの最初のページの、**Battlefield**の下に、**Asset　独自資源**、と大きく書いた。

「その、**Asset**が、お前は誰、とか、お前らしさ、ってこと？」

「個人にあてはめて考える場合には、それが一番わかりやすいからの」

「じゃあ、会社で考えると？」

「お前は何を持っているのか？」

ボロがゆっくりと低い声で言った。

「は？　あ、それが独自資源を考えるときに考えなければいけない質問ってことだね」

ボロの指導方法に慣れてきた実直はすかさずボロノートにメモを取った。

「お前は何を持っているのか。その会社は何を持っているのか、か……。ここまで歴史を調べてきたのは……」

考え始めた実直をボロは微笑ましく見つめている。


「でも歴史以外にも会社は色々持ってる。製品だろ、工場に店舗、あ、従業員も、だな……顧客の認知もある。ボロ、キリがないぞ」

「独自資源は、大別するとハード資源とソフト資源じゃな。ハード資源はその名の通り、ハードじゃ。設備、店舗などじゃ。ソフト資源は人材、ノウハウなどじゃ」

「じゃあ、サンデー広告の独自資源って、例えば僕みたいに優秀な人材、とか、広告制作ノウハウとか、ってこと？」

「おぬしが優秀かどうかはさておき、資源としてはそういうものだろうな」

「製品は？」

「製品は独自資源とは呼ばない。製品は、独自資源から生み出されるものじゃ」

「そうか、『資源』だもんな。その製品を生み出す何かが独自資源ってことか……だから工場が独自資源ってことだな。あ、だからその製品を開発したりして生み出す人材も独自資源なんだ。だから僕もサンデー広告の独自資源、っと」

「珍しくものわかりがよいの。ところで、おぬしは本当にサンデー広告社の『独自』な資源なのか？　**『戦場』にいる『競合』にはない物でなければ、『独自』とは言えぬ**」

「そうか、競合にもある資源なら確かに独自じゃないね。うーんと……」

実直はボロノートをぱらぱらとめくりながら考えた。

「あのさ、競合をギガ広告社とすると、僕より優秀な人材が一杯いるんだけど……」

「その真偽はさておき、そういうことじゃ。競合にないからこそ『独自』なのじゃ」

「ひょっとして、だからBASiCSの一番最初が戦場とか競合なの？　比較対象として、『独自性』をチェックするために？　もしそうなら、これ、すごいぞ」

「ほほう、サエナイくんにしては冴えてるじゃないか」

「帰省して思い出したけど、僕、一通り戦略論を勉強してるんだよね」

「なんじゃ、帰省するまで忘れておったのか？」

図星。思わず黙ってしまった。

「さすがサンデー広告社の誇る独自資源じゃの。くっくっく」

「う、うるさいな」

「どんな人間にも未活用の、いわば眠れる独自資源はあるものじゃ」

「眠れる資源かあ。広告制作ノウハウ、なんていうのも資源だね。でも独自かなあ？」

「誰と比べて言っておる？　**BASiCSの5要素は単独で考えてはならぬ**」

「ギガ広告社と比べるとダメだ。でも、安井プロダクションなら勝てると思う……そうか、競合によって違うってことか！」

「やっとわかったか」

「あのさ、今回僕が帰省してわかった僕の僕らしさ、これも独自資源なんだよね？　ということは会社でもそうだよね。**会社にもDNAがある**ってことだよね」

「よくわかったの。鋭いではないか」

「会社らしさってことだね。サンデー広告社らしさって何だろう……あれ、何だろ？」

考え始め、すぐ詰まった。よくわからない。あるのかもしれないが、知らない。

「サンデー広告社のDNAがわからない。なんかこれ、わからないということ自体がまずいような気がする。また生い立ちとか行動を見ればいいの？」

「そうじゃの。突然じゃが、任天堂のDNAは何だと思う？」

「うーんとね、なんか楽しいゲームを作る会社。スーパーファミコンとか、ゲームボーイとか、DSとか、Wiiとか……全部そうだね」

「やけにゲームには詳しいの。人間誰しも1つくらい取り柄があるものじゃ」

ボロが机の上に置かれた携帯用ゲーム機をちらと見ながら言った。

「ほっといて。あ、過去の製品を見れば、DNAがわかるんだね。任天堂って花札とか作ってたから、やっぱり娯楽道具の会社なんだ。個人の場合と同じで、会社のDNAも歴史にある。じゃあサンデー広告は……あれ、うちの会社、いつできたんだっけ？　じゃあフレンドコスメ社の場合は……あれれ？」


またショックを受けた。自分のことも知らなかったが、自分の会社のことも、自分のクライアントのこともよく知らなかった。今まで何をやってきたのだろうか。理香がいたら、「だからサエナイって言われるのよ、アンタは」と言われそうだ。

「ちょっと調べないといけないね。フレンドコスメ社のDNA。じゃあ独自資源の最後の質問。個人の場合の資源ってあるの？　そんなに独自の資源なんて、僕には……」

「おぬし、何のために帰省したのだ？　ちっともわかっとらんのう」

「!!　そうか！　僕がしてきた経験だ！　僕の経験は立派な資源だ！」

「そうじゃ。**個人の経験は、多くの場合個人に独自の資源**じゃ。おぬしには何がある？」

「別に特に……あ！　ひょっとして、戦略論を勉強したこととか？」

「未活用の資源じゃの。**眠れる資源というのは、どの会社にも、どんな人間にもある。**自覚していない独自資源の存在に気付かせてあげることは、大きな価値になる」

「鳥野さんにもあるの？」

なぜか智子のことが頭に浮かんだ。

「誰にも、と言っているじゃろ」

智子の中にも眠っているものがあるのではないか。ふとそんな気がした。いつもの冷たい表情の下の智子の素顔は……？

「あわてるでない。まずはここまでを整理するのじゃ」

「わかった。ところで、今まで学んだどの戦略論にもこういう戦場とか、独自資源とかって言葉はないんだけど……この理論、ボロが考えたの？」

「古今東西の戦の天才は、意識的にせよ無意識的にせよ、このような思考法を身につけておる。ワシのライバルだったあの男も……ふわあ……寝るか」

「ボロのライバルって？」

ボロはすでに眠っていた。

実直は机に向かい、ボロノートにペンを長い間走らせていた。

少し変わった明日

連休明けの火曜日。実直はフレンドコスメ社に、借りていた資料を返しに、高橋を訪れた。資料を送ってもよかったが、自分の口から伝えたい言葉があった。

「やあ、お待ちしてましたよ、日向さん」

姿を現した高橋は上機嫌だった。資料を受け取りながら、高橋はさっそく聞いた。

「ハガキありがとう。今朝届いていたよ。君、新潟の上越の出身か。上越の、どこかな？」

「え？　ご存じなんですか？　高田公園の近くの……」

「ああ、高田か……僕は新入社員時代、フレンドコスメの営業で担当していたんだ。20年前だけどね。どこかですれ違っているかもしれないね。桜がきれいだった……」

精悍な高橋が懐かしい目をした。高橋のこのような表情は初めて見る。

「そういえば上杉謙信だったね、いただいたハガキ。好きなの？」

「え、ええ、お恥ずかしい話、軍神っていうか、戦略とか、そういうのが好きで……」

「上越のヒーローだもんな。希代の戦略家にして戦の天才……」

実直は、ハガキを出して良かったな、と思った。たった一通のハガキではあったが、高橋との距離が確実に縮まった気がした。そうだ、今日は伝えたい言葉がある。

「あ、あの……先週は申し訳ありませんでした」

「……ああ、あれか……。こちらも怒って、申し訳なかったね」

「いえ、とんでもありません。叱っていただいて、本当にありがとうございました」

高橋は実直の目を見た。この若者の目つきが変わったように思えた。目に力がある。

「今度は、上杉謙信のように、きちんと考えて参りたいと思います。ですので、ぜひ今後ともよろしくお願い申し上げます」

実直は深く頭を下げた。自社の社員でさえ、自分が叱るといじけるものが多いのに、ここまで素直に受け止めるとは、この男の良いところだ。

「ぜひ頑張って欲しい。実はあの辺は当社の創業の地でね、それで私も営業してたんだ」

「え、そうなんですか⁉　あ……あの、お願いがあるんですが……御社の社史があれば、お借りできませんか？　御社のこと、もっと勉強したいと思いまして……」

少し考えて高橋は言った。

「そうだな、知っておいてもらったほうがいいな。そんなことを広告代理店さんからお願いされたのは初めてだ。送っておくよ」

そう言うと、高橋はその場で内線電話からすぐに手配してくれた。

サンデー広告社に戻ると、実直は智子の席に行ってみたが、智子はいなかった。

「智子なら外出して、そのまま直帰するみたいよ」

理香が声をかけた。

「そうなんだ……鳥野さんの様子、どうだった？」

「気にしてるんだ。偉い偉い。私にはごめん、って言ってたけど、今日会ってないの？」

「うん、入れ違いになったみたい」

「ほんとサエナイね、アンタ。今晩電話するんだよ！　いいね⁉」

「は、はい……」


その夜、アパートに戻った実直は、携帯電話をじっと見ていた。

「どうしたんじゃ。電話を待っているのか？」

ボロが不思議そうに訊ねた。

「いや、電話をしようかと……いや、そうだな。明日を変えるためには今日を……」

智子に電話をかけようとした瞬間に電話が鳴った。発信人には「鳥野さん」と表示されていた。実直はあわてて電話を取った。

「あ、日向くん？　鳥野です。今大丈夫？」

「う、うん……」数秒の沈黙が続いた。

「あ、あの……」２人が同時に言った。

「このあいだはごめんね」実直が先に言った。

「ううん、私こそごめんなさい……どう考えても私のほうが悪いよね……」

「い、いや、僕も、軽々しく『鳥野さんらしくない』なんて言っちゃって……ごめん」

「あのね、今日帰ってたらハガキが来てた。ありがとう。帰省してたんだね。『鳥野さんは鳥野さんでいいんだと思います』っていうの、とってもうれしくて、それで電話したの」

うん、とうれしそうに言う実直に智子が続けた。

「それでね、良かったら……明日の夜、もう一度ご飯行かない？　謝りたいし……」

「いや、謝るなんて、こっちこそ……でもご飯は行こうね」

「うん。あ、今回は2人でね。じゃまた明日ね」

ツーツーと切れた携帯電話を実直はしばらくうれしそうに眺めていた。ボロは背中を向けて「なんじゃニヤニヤして、気持ち悪いのう」とつぶやいた。

仲直り

次の日の晩、オフィスを早めに出た2人はサンライズビルのショッピングセンターにある、カジュアルなイタリアンレストランにいた。2人は、先日の一件について、互いに謝罪し合うと、心の中にひっかかっていた氷が溶けたかのように、話し始めた。

「ハガキありがとね。あの一言、すごくうれしかった。なんか心に響いたの。僕は僕。鳥野さんは鳥野さん。ね、ね、日向くん、何でハガキくれたの？」

「鳥野さんに早く謝りたいな、って思って……」

「ううん、そんなことといいのに……ね、なんで帰省したの？」

「今、あるネ……人に教わってて、自分らしさを知るために帰省したんだ。それで、何かわかってきたんだ。あ、こないだ、不完全燃焼感って言ったの、覚えてる？」

「うん！　あの言葉、私も何かすごく共感した」

「お酒のせいにして、恥ずかしい告白しちゃうけど……あ、今ちょうど持ってる」


実直は卓球部の仲間から借りてきた写真を智子に見せた。


「うわ、日向くん、若いね。いい目だね、今と違って……あ！　ごめんなさい！」

実直は思わず苦笑した。

「いや、そう思うよね……あのときの僕は輝いてた。１２０％の力で、夢中になってやってた。それで、昔のラケットを出してきて、握ってみたら、元気が出てきたんだ」

「すごくわかる……実は私もなの。私が大学時代、演劇やってたのは知ってるよね？」

「うん」

「私も、あのときが今までで一番輝いてた……夢中でやっている充実感っていうか」

「あ、それ！　それでね、何であのとき輝いてたのか、って考えてみた。あのときは、体育館が使えないときは、家で素振りしたり……できることを精一杯やってたんだ」

「へぇ、頑張ってたんだぁ。そう言えば私もそうだったなあ……」

「それでね、決めたんだ。だから、今からは、今できることを精一杯やろう、って」

「そうかあ……なるほどね」

智子は高校時代の実直の写真に目を落とした。今の実直の目は、高校時代の実直の目に似てる、と智子は思った。少なくとも先週の実直とは違う目だ。

「日向くん、帰省中に他に何かあった？」

「何で？」

「日向くん、何か変わった気がしたから」

「あの、また恥ずかしい告白なんだけど、その、さっきの自分らしさを知るって……」

実直は、ボロに言われたように、自分の過去の行動は一見バラバラでも、その底流にある動機には共通点があること、そして自分がやってきたゲーム、卓球、卒論、就職、などの点が線としてつながり、それが「自分らしさ」を形成していることを話した。

「それで……僕の中学の卒業文集になんて書いてあったと思う？」

智子は黙ってうなずき、答えを待った。

「日本の軍師になるって」

「へえ……日向くんらしいかも。あ、それで上杉謙信のハガキだったんだ」

「うん、それもある。謙信はいわゆる軍師じゃないけど、戦の天才って言われてる」

「自分らしさを知る、かぁ……ねえ、どうするとわかるの？　それ、私もやる！　私はどうすればいいのかなあ……やってみたいなあ」

「うーんと……恥ずかしいから秘密にしときたかったけど、こんなふうにまとめたんだ」


実直はボロノートをおずおずと智子に見せた。

ノートに「お前は誰だ？　お前らしさとは何だ？」と大きく書かれ、その後に実直がやってきたこととその感想などが綴られていた。智子はそれを食い入るように読んだ。

「これ、すごい……日向くん、高校生の時、頑張ってたんだね。なんかわかるなあ、この自分へのかけ声。『ここ大事だぞ、集中！』かあ。ね、今やってみてよ！」

「いや、それはちょっとさすがに恥ずかしいな……」

「だ、め。やって、やって、やって！」


こんな子供のような智子は初めて見る、と思った。冷たいと思っていたけど、こんな自然で素敵な表情で……3年以上一緒にいる同僚のことを何も知らないことを再認識した。

「わかったよ、もう……。こう、ラケットで顔あおいで……『ここ大事だぞ、集中！』」

「かぁっこいい！　私の場合は何かなぁ……」


ノートを読み進めていく智子の目が、ある一文に釘付けになった。

「鳥野さんらしくない」なんて言って、本当にごめんね。


思わず智子が声に出して読んだ。

「あ、あ、あ、そこは……」

実直の顔が真っ赤に染まった。

「そっか、心配しててくれたんだ……ありがとう、優しいね、日向くん。だからあのハガキの言葉が響いたのかな……心がこもってて」

「自分のことが自分でもわかってない、ってわかって、まして他人のことなんてと思ったら、あのときの鳥野さんの顔が浮かんで……本当に申し訳ないって思って……」

「それでハガキをくれたんだ。ね、それで、私らしさ、って何だと思う？」

智子に問われ、実直は複雑な表情をした。

「今日は大丈夫よ。怒らないから」

「うーん、じゃあ言うね。あのときまでは、鳥野さんはいつも冷静で落ち着いていて、っていうのが鳥野さんらしいのかな、って思ってた」

智子は寂しそうな顔をした。

「でも、今は違う気がする。スポーツドリンク買ってきてくれたときの心配そうな顔。それから、あのとき怒ってた顔……あ、ごめん」

「いいの、続けて」

智子は微笑していた。

「それから、さっきのやってやって、って言った鳥野さんの顔。そっちのほうが鳥野さんらしい、っていうか、みんな初めて見る顔だったけど、それが鳥野さんだって思った」

実直はおそるおそる智子の顔色をうかがうと、智子はうつむき加減で破顔一笑していた。

「そっか……そうなんだね。ありがと！　うん、そうだよね、決めた！　これ、私もやる！　私の場合、やっぱり演劇は外せないか……」

演劇、と言ったときに智子の顔が少し曇った。

「ね、演劇見に行ってみたら？　今回、卓球部の連中がこの写真を持ってきてくれたのはすごく大きかった。偶然だけど、必然っていうか……帰省って行動をしなければそれも起きなかったことだから。今日を変えないと、明日は変わらないよ」

そう言った実直を智子は不思議そうに見た。こんなに頼もしい男だっただろうか？

「そうだね……演劇、かぁ……しばらく見に行ってないなぁ……」

実直は、さっそく携帯電話で今やっている演劇を検索してみた。

「ね、こんなのやってるけど……」

「これ、大学時代に私がやったお芝居だ。すごい偶然……」

智子はその画面をしばらく見つめていた。悩んでいるように見えた。演劇は好きなことではなかったのだろうか？　何を悩んでいるのだろう、と思っていると智子が口を開いた。

「ね、日向くん、一緒に見に行かない？」

「ぼ、僕と？」

どくん、と実直の心臓が鳴った。

「だって、見に行ってみたら、って言ってくれたのは日向くんだよ。それとも、一人で行け、なんて言うのかなあ……それとも、こんな冷たい私とじゃ、イヤ？」

「そんな、イヤだなんて……」

実直は心臓の鼓動を気付かれないように答えた。

「あ、この携帯から予約できる。この日はどう？」

実直が携帯電話を智子に見せた。

「うん、じゃあその日、土曜日だね。演劇、久しぶりだなあ……」

うち解けた2人の会話は、その後長い間続いていた。

社史とDNA

数日後、実直は送られてきたフレンドコスメ社の社史に熱中していた。フレンドコスメ社は、現社長の友田の祖父が現在の新潟県上越市で創業。実直の実家がある上越市だ。創業の地にある工場は今でも稼働している。写真の中の工場の庭には菜の花が咲き乱れていた。

「菜の花かあ。あれ、もしかしてフレンドコスメ社のコーポレートカラーの鮮やかな黄色って、菜の花の色？　ＤＮＡは歴史にあり、か。僕が帰省したときと同じだ……」

始めのほうのページには、大きく、創業以来の企業理念が書いてあった。

私たちは、お客様の肌の美しさを知りつくし、お客様一人一人の好みとお肌に合った美しさを追求します。お客様の真の美しさを内面から引き出し、外面から引き立てます。

実直は、他の化粧品会社の企業理念をネットで調べてみた。思った通りだ。ここまで具体的に理念を書いている企業はない。こういうところにも企業の想いが表れるのか。実直は今までの自分を恥じた。去年と同じ提案……去年と変わらない自分……そりゃ、怒られるわけだ。さらに読み進めると、フレンドコスメの社名の由来があった。創業時には、「友好化粧品」という社名だった。創業社長、つまり現社長の祖父の言葉が綴られていた。

私たちはお客様のことを好きでいたいし、お客様にも私たちのことを好きになっていただきたいのです。好きだからこそ、お客様のことを知りたいのです。輝いていていただきたいのです。すべての人は、内面に輝ける光を持っています。友人がさらに輝くお手伝いができたら……そんな思いをこめ「友好化粧品」を設立しました。

実直は涙が出そうだった。そんな想いが社名に込められていた。自分のDNAを探ったからこそわかったのかもしれない。見ようとしなければ何も見えない。智子の顔が頭に浮かんだ。自分には智子のことが何も見えていなかった。いや、見ようとしていなかった。

「日向くん、お昼行かない？」

突然その智子の声がした。

「わあっ」

実直は近づいてくる智子にまったく気がつかず、思わず声をあげた。

「失礼ね、そんなに驚かなくてもいいじゃない。ね、ね、何読んでるの？」

いつも通りの冷静な智子だが、表情が心なしか少し軟らかくなったような気がする。

「あ、高橋さんから借りたフレンドコスメさんの社史。面白いから、読んでみたら？」

「うん。ね、お昼行かない？」

「え、もうそんな時間……ほんとだ！　まずい、店が混んじゃう！」

２人は連れだってランチに出かけることにもう何も違和感を感じなくなっていた。

Asset（独自資源）の理論解説は、２４６ページにあります。合わせてご参照ください。

Chapter 3

Strength

反転

お前にしかできないことは何か？

わかり始めた強み

2人で昼食に出た実直と智子は、イタリアンレストランの2人用テーブルに着くやいなや楽しそうに話し出した。特に智子はオフィスにいるときと違い、表情がくるくると猫の目のように変わるようになった。

「日向くんの言ってたあれ、やってみたの。まだ途中だけど、日向くんが言ってた、『点が線になる』っていう感覚、なんとなくわかったわ。幼稚園の頃からやってきたことを書き出していったらね、私はね、あのね………やっぱり恥ずかしいからやーめた」

「ちょ、ちょっと、そりゃないよ……僕は全部言ったのに。ずるいなあ、鳥野さん……」

「んー、でもなあ……。ところで、あの考え方って、会社には使えないの？　会社のDNA……あ!!　だから、社史読んでたんだ！　日向くん、アッタマいい」

「いや、自分で思いついたんじゃ……でも、社史を、DNAを探りながら読むと、すっごく面白いよ。ね、フレンドコスメさんのコーポレートカラーって黄色じゃない？」

「うん。とっても鮮やかな黄色。実は、私もあの色、大好きなんだ」

そうか。黒が好きなわけじゃない……それなのに、なんでいつも黒のスーツなんだろう……、と考えたところで、智子が期待に満ちた目で実直の次の言葉を待っていた。

「創業の地の新潟工場には、菜の花が一面に広がってるのね。で、推測だけど……」

「なるほど！　あの黄色って、菜の花の黄色なんだ‼」

「本社の植え込みも菜の花だよね？」

「そう言えばそうだわ！　きっとそうよ！　日向くん、今日は冴えてるじゃない！」

「単なる想像に過ぎないけど、何か楽しいよね」

「会社でも点が線になる、っていうのは同じなのね！　社史、私も読みたい！」

「午後に時間あったら、一緒に読まない？」

実直から誘うとは珍しい、と智子は思ったが、素直にうれしく思う自分の気持ちに気付いた。満面の笑顔で智子はうなずいた。

帰社後、実直と智子は会議室に籠《こも》り、社史を見ながら、フレンドコスメ社の年表を作り、それが現在にどうつながっているのか、点を線にしていく作業を始めた。

「そうかぁ、フレンドコスメって名前の由来ってこういうことだったんだ……。私たち、クライアントのこと、何にも知らなかったんだね……反省」

「僕もそう思った。自分のことだけど、クライアントのこともわかってなかった」

「このやり方を教えてくれた……先生にさ、『自分らしさは、過去の行動の中にある』って言われたんだけど、その通りだった」

「うん……でも、それを知ると、どう役に立つの？」

智子が素朴な疑問を口にすると、実直は答えに詰まった。


「クライアントの意図はよくわかるようになると思うけど……もっと直接的に役に立たないのかな……あ、いや、やったほうがいいのはもちろんわかってるのよ」

「ごめん、それ、宿題にさせて。考えてみる」

「うん。私も考えてみる。でも、日向くん、社史借りてくるなんて、さすがだね」

理香はともかく、智子にもほめられたことのあまりなかった実直は、う、うん、とうなずくのが精一杯だった。


実直はその日帰ると着替えもそこそこにボロノートを広げ、寝ていたボロを起こした。

「ボロ、ボロ、起きて！　次を教えてよ、次を。ＢＡＳｉＣＳの３つ目を教えて、３つ目！　Ｂ、Ａの次は、Ｓだろ、Ｓ！　Ｓって何？　ねえ！」

「なんじゃ、騒々しい、気持ちよく寝ているときに……それが人にものを頼む態度か」

人じゃないだろ、というツッコミを飲み込み、「先生、お願いします。教えてください」と実直は返した。会社の社史を借りたこと、その内容はまさにフレンドコスメ社のＤＮＡを象徴するものであったこと、そして智子に聞かれた質問を説明した。

「自分から教えを乞うとは、良い心がけじゃ。が、まずは自分で考えよ」

「えー！　考えてもわからないよ。いいから早く教えてよ、ねえ、ねえ」

「ふぅ、まだまだ、か。ワシがいなければできないのでは意味がない。自分で考えよ」

「ちぇ、わかったよ……」

実直は渋々考え始めた。

「わかんない」

５分とたたず、白旗が揚がった。

「あきらめるのが早すぎる。ワシが現役じゃったころは、３日３晩は寝ずに考えたぞ

「なんだよ、現役って……もう……」

「……」

まず、戦場・競合を考えた。どこで、誰と戦っているのか。次が独自資源……自分は誰で、自分らしさとは何か……どこで誰と戦うか、そして自分らしさは何か、と考えて来た。敵を知り、己を知らば、だ……。

「わかった！　次は、どう戦うか、じゃないか？　自分らしく戦う、とか？」

ボロの目の黒目が広がったように見えた。驚きの表情であろうか。

「ほう、やればできるではないか。軍師になりかかった、と言うだけのことはある」

「やった」

「で、どう戦うのじゃ？　自分らしく戦う、とは、どういうことか？」

「らしさ、とは自分にしかない……自分にしかできないやり方で戦う、ってこと？」

「左様。**お前にしかできないことは何か？**」

「僕にしかできないこと……は後にして、フレンドコスメさんのほうを考えよう」

智子の顔が頭に浮かんだ。独自資源をどう使うか、は今日の宿題になっている。

「フレンドコスメさんにしかできないこと……わかった、『強み』を活かすんだろ！」

「よくできたの。そうじゃ。**戦略の3つ目の要素は、『強み』**じゃ。差別化、と言い換えても良い。信長のヤツめはこれがうまかった……」

「そうか……これが戦略の3つ目の要素……」

実直はボロノートの1ページ目、**Asset** 独自資源の下に **強み・差別化**、と書いた。

「**強みだから、Strength** だね。でもさ、独自資源って自分にしかないもので、強みもそうだよね？　この2つはどう違うの？」

「ここが戦略BASiCSの最大の難関じゃ。これをクリアできれば、使いこなせる。今日のお前の最初の質問はなんだ？」

「独自資源がわかったからといってどうなるの？」

実直は智子のような口調で言った。

「じゃから、まずは自分で考えろ」

「わかったよ……国内に工場があるのは独自資源。でも、だからどうなる？　それを活かして戦う……独自資源は強みを生み出すんだよな。工場が生み出すのは……そうか！」

「わかったようじゃの」

「国内に工場があっても、それだけでは強みでもないし、差別化もできない。国内の工場が生み出す製品が、強み・差別化になるってことか！」

「まだ浅い。国内に工場があるから、良い製品ができるというわけでもなかろう。フランスに工場があっても、良い製品はできるじゃろ」

「そうか……結構難しいね。日本に工場がある、という独自資源を活かす……日本に工場があれば、作るのも日本人。あ、より日本人の肌に合った化粧品ができるってこと？」

「それも1つの解釈じゃの」

「独自資源は、強み・差別化を生み出す。工場は、製品を生み出す。日本の工場という独自資源が、日本人の肌にあった化粧品という強い製品を生み出す。そういう関係か」

「となると、最初の質問に対する答えはなんじゃ？　独自資源がわかるとどうなる？」

　実直は確信を持ってうなずいた。

「独自資源がわかると、どうやって戦えばいいかわかる。それは、**独自資源が生み出す『強み』を活かして戦う**ってこと」

「独自資源は、直接的な価値ではなく、強み・差別化を通じて直接的な価値となる。工場という独自資源は、化粧品、という製品を通じて強みを生み出すのじゃ」

「製品だけとは限らないよね。工場という独自資源を活かした販促をやってもいいはず。工場見学とかね。工場に自信があれば、それを見せてあげればファンになる……あ！　僕、あの辺の名物とか名所もわかるし、工場見学の企画を提案してみよう！」

「国内に工場があることは、良いことなのか、悪いことなのか？」

「良いことに決まってるじゃん」

「なぜそう言い切れる。フランスに工場があったほうが良いとは思わんのか？」

「だってそれじゃ日本人の肌に合うっていう感じがしない……でも確かにフランスに工場があったほうが高級感があるな。じゃあ日本に工場があることは弱みなの？」

「だから違うと言っているじゃろ。日本に工場がある、という事実があるだけじゃ」

「……そうか！　日本に工場がある、という事実をどう強みにして戦うか、が大事なんだ。それが、**Strength** ってことか。わかった！」

「うれしそうじゃの」

「だってまた鳥野さんと…………あっ」

実直はあわてて口を閉じて赤くなった。

「**強みは弱み、弱みは強み、**じゃぞ。忘れるな」

「強みは弱み、弱みは強み、か……事実をどう強みにして戦うか、か……」

実直はすぐボロノートにメモをした。

「ボロ、これ、個人の場合でも同じだよな。僕に強みってあるの？」

「強みなどは存在しない」

「わかってはいたけど、そうはっきり言われるとな……」

「違う。**お前についての〝事実〟があるだけ**じゃ。**あとは、お前次第**じゃ」

実直は再び考え、ボロノートと熱心に向き合っていた。

＊

翌日、実直の頭は行きの電車の中でフル回転していた。フレンドコスメ社の独自資源をどう強みとして展開できるか、ボロノートにひたすらメモした。携帯ゲーム機を持ってくることさえ忘れていた。サンライズビルに着いて見上げると、ビルが「ほら、早く上ってこい」と言っているような気がした。

実直は、カバンを席に置くとそのまま智子の席に行き、おはよう、と智子に声をかけた。実直の声に勢いがあるのを、席が近くの理香が目ざとく感じ取った。

「サエナイ、どうしたのよ。うれしそうじゃない」

「あ、おはよう、高見さん」

「おはよう、日向くん」

「鳥野さん、昨日のあれ、わかったよ！」

「あ、あれね。あれ、わかったんだ」

理香はパソコンを起動しながら不思議そうに2人を見つめている。この2人はいつの間に「あれ」で通じる関係になったのか？

「じゃあ、今日は仕事詰まってるから、昼休みね」

「ヒマなのはあんただけだよ、サエナイ」

「うん、ヒマだから、その強みを活かさないとね」

理香の目が開いた。こいつ、こんなポジティブな考え方するヤツだったか、という顔だ。

「じゃあ、また昼にね、鳥野さん」

「あたしはのけ者か？」

「あ、高見さんも来てよぜひ。説明させて」

何でそんなことを言ったんだ、と理香は自分でも不思議に思いつつ、昼休みに、と答えた。

昼休みになると、珍しく実直から、予約したから展望レストランに行こう、と場所を指定してきた。予約した窓際の席の眼下には、東京北部の高度ナンバーワンを誇る眺望が広がっていた。実直は、理香に今までの経緯を説明し、社史の内容を簡単に説明した後で、ボロに説明された戦場、独自資源、強み・差別化の関係を説明した。

「そういうことね。何かを持ってるだけじゃダメで、それをどう活かすか、っていうのが差別化、ってことなのね」

「サエナイ、やるじゃん。あんたどこでこんなこと覚えてきたんだよ」

「えっとね、一応僕、大学のとき戦略論とか研究していて……」

「その知識、何で今まで使わなかったの?」

智子が素朴な質問をすると実直が苦笑した。

「そうか、それが独自資源ってことなんだ。日向くんの戦略の知識は、今まで独自資源として眠っていた。それがやっと強みとして活かせるようになった、っていうことね」

「さすが鳥野さん。一瞬でわかったね。僕、理解するのに大分時間かかったけど」

「サエナイ、アンタ今のほめられてないよ」

「あ、ううん、違うの、そういう意味じゃなくて……」

智子があわてて取り消すかのように顔の前で手を振り、「それで、日向くん、どうするつもり？」と続けた。

「工場見学ツアーとか高橋課長に提案してみる。頼まれてないけど、僕土地勘あるし」

「そうだね。前に怒られちゃったもんね。私も行きたい。ね、連れてって」

「わ、うれしいな。うん。一緒に行こう」


実直が会計をすませている間に、理香が智子につぶやいた。


「智子、あんた最近肩の力抜けたね……前より自然になった感じがする」

「うん。自分でもそう思う。だって、私は私だから………」

「私は私、か……確かに自分らしくいたほうがいいね」

「いや、理香はちょっと自分を抑えたほうがいいと思うわよ」

智子がくすくす、と笑いながら言った。

「へえ、智子もこんな顔で笑うんだね」

「うん、私は私、だから」

*

さっそく翌日、高橋の時間を20分だけもらい、実直と智子はフレンドコスメ社を訪問し、工場見学の企画書を手渡し、手短に説明した。

「工場見学なら、今でもやっているが……」

そう言いながら企画書のページをパラパラとめくっていた高橋の手が止まった。

「そうか。確かに、企業理念とか、名前の由来とかもきちんと説明したほうがいいね。そう言われると、今は文字通り単なる工場見学なのだな。せっかく工場までいらしていただくのだから、もっと弊社のことを理解してもらったほうがいい。その通りだよ」

「高橋さん、御社のコーポレートカラーは、菜の花から来ているのでしょうか？」

柔和な顔をしていた高橋の顔が突然驚きへと変わった。

「な、なんでわかった？　社史にも書いていないはずだが……実はその通りだ。創業社長がことのほか菜の花が好きでな……」

日向くんの言った通り……智子が誇らしげな実直の横顔をまぶしそうに見つめた。

「工場にこれだけの場所を割いて菜の花畑があるのは、理由があるかと思いまして」
「鋭いな。菜の花は、豪華絢爛《けんらん》ではないが、菜の花が集まった菜の花畑は壮観だ。バラのような美しさはないが、荒れ地でもしっかり育つ。そんな想いを創業社長が込めたんだ。私も現社長からの又聞きだがな。現社長は創業社長のことを大変尊敬していらしてな」

高橋は企画書を熱心に読みながら言った。

「このメイク体験教室は鳥野さんのアイデアかな？　サンプルを渡してはい、おしまい、よりは、確かにしっかりと使い方を教えてあげたほうが良いね」

高橋に問いかけられ、智子はにっこりとうなずいた。

「君たち、いいペアだね。ところで、この提案はありがたいのだが、君たちには何のメリットもない提案だろ？　仕事も発生しないのに、なぜわざわざ……」
「いえ、前回不甲斐なかったお詫びと、社史をお借りしたので、そのお礼です」
「前回のポスターを担当したのは私です。申し訳ありませんでした」

２人が同時に頭を下げた。

「とんでもない。こういう提案は実にうれしい。部下に検討するように言っておくよ」

「工場だけではなく、近くの春日山城跡なんかも見学していただいてはいかがですか？最近、ＮＨＫドラマなどで、女性にも上杉謙信が人気のようですし」

「それも面白いね。そうか、日向さんはあちらのご出身だったね」

「ええ。せっかくですから私の強みも活かそうと思いまして」


高橋は、ハガキのこと、今回のこと、と、この若者は変わりつつある、と感じていた。この調子なら任せておいても大丈夫か、と思った。では、と立ち上がる２人と一緒に立ち上がりながら、高橋が実直と智子にプラスチックのシートのようなものを見せた。

「話は変わるが印刷会社さんがこんなものを持ってきてくれたんだよ。ほら、見る角度によって見えるものが違うポスター」

「あ、レンチキュラーですね」

「そうそう、そんな名前だった。なんだ、知ってたか。個人的に面白いと思うのだが」

「結構高価ですよ、これ」

「高価な分、効果もありますよ」

智子がいたずらっぽく言った。

「ははは、それはいい。鳥野さんが冗談を言うのを初めて聞いたかな。じゃあ、何か使い道を考えてみてくれよ」

わかりました、と答えながら実直と智子は退室した。

「やるじゃん。鳥野さんのオヤジギャグ、初めて聞いたよ」

ビルを出るとさっそく実直がからかった。

「な、なによ、いいじゃない……」

「うん、僕は好きだよ」

「え!? な、なに?」

「オヤジギャグってさ、アタマいい証拠だって誰かがＴＶで言ってた」

なんだ、そっちか、と思わず考えた智子は、そう考えた自分の変化にも気付いていた。

3つの差別化軸

実直は、ヒマに任せてフレンドコスメ社の分析に没頭した。売上に直接つながらないが、今できることを精一杯しよう。そう考えた。しかし、フレンドコスメ社の強みを分析してもうまくまとまらない。調査データを見ても、まじめな会社と認知され、製品の品質は良いが、他社と比べて圧倒的に良いというわけでもない。価格も安くはないが、すごく高くもない。またボロに頼るのも情けないと思いつつ、夜、部屋に帰ると、ボロに聞いてみた。


「なあボロ、クライアントの強みがうまくまとめられないんだ。製品は、かなり良いという評価だけど、最高ってわけでもない。価格は、高くはないけど、安くもない」

「でも売れているのじゃろ？　自分に合っているとか、そういう評価はなかったか？」

「そういえば、そんなコメントがお客様からあったと思う」

「フレンドコスメ社のホームページなどでは、懇切ていねいに使い方を説明していたり、肌のタイプや年齢別の手入れの仕方などを載せていないか？」

「何でわかるの？　確かにやってる。それも競合より徹底的に」

実直はあわててボロノートを取り出した。

「強み・差別化の手法は、大きく分けて、3つある。3つの軸と言ってもいいの」

「3つの軸、か」

「まずは自分で考えてみよ」

「もう考えてる」

実直が言うと、ボロは満足そうにうなずいた。

「まず、品質。高品質なほうがいい。それから、価格。安いほうがいい。そこまではわかる。でも、どちらでもない。こういう中途半端さって、かえってまずいんじゃないの？」

「上出来じゃ。中途半端なわけではない。強み・差別化の3つの軸はだな……」

実直があわててメモを取る。

「1つめ目軸は、手軽軸。早い、安い、便利、で差別化し、低価格で大きなシェアを狙う。2つ目の軸は、商品軸。品質の良さで差別化し、当然その分高価格になる。おぬしはこの2つの軸の存在には気付いた」

「うん。手軽軸、商品軸、っと。3つ目の軸は？」

「じゃから自分で考えろ」

「わ、わかったよ……。さっき、『自分に合った化粧品か』って聞いたよね……自分への適合度、ってこと？」

「そうじゃ。３つ目の軸が、密着軸じゃ。顧客一人一人のニーズに徹底的に合わせ、顧客に『密着』することで差別化するのじゃ」

「そうか、化粧品は肌のタイプや年齢によって手入れ方法も違うから、きちんと説明する、顧客一人一人のニーズに徹底的に答えたいからか……そうか!!」

実直の頭に、フレンドコスメ社の企業理念が浮かんだ。

「私たちは、お客様の肌の美しさを知りつくし、お客様一人一人の好みとお肌に合った美しさを追求します」

「企業理念が密着軸そのものだ！　だから評価されるのが製品でも価格でもない！」

「差別化戦略はどの業種・業態でもこの3つだと言っていい。それなりに成功していれば、どこかに入るはずじゃ。だから手軽軸の低価格でも、商品軸の高品質でもなければ……」

「密着軸しかない、ってことか。魔法みたいだな。これ、個人の場合もそうだよね？」

「そうじゃな。おぬしのような営業担当者のタイプも3つに分けられる。手軽軸は、フットワーク勝負じゃな。商品軸は、頭の良さや、提案の質の高さじゃの」

「密着軸は、その通り顧客の理解の高さ、と。僕は……フットワークは悪いよな……頭もそれほどでも……って、密着軸しか残らないじゃん」

「実際そうじゃろ。おぬしには話しやすい、とか言われたことはないか？」

「ある」


以前理香に言われたセリフを思い出した。

「アンタにはね、言いやすいのよ。あたしもそうだし、高橋課長だって。智子も……」

「そうか！　色々言われやすい、ってのは、弱みだと思ってたけど、強みかも。色々話してもらえれば、相手のこともよくわかる……そうか、僕は密着軸の営業なんだ！　強みは弱み、弱みは強み……解釈次第ってそういうことか！」

実直は、自分の中にあった思わぬ強みに気づいたことと、今までの理解がつながってきたことがうれしかった。

「じゃあ僕は、フレンドコスメさんをもっともっとよく知るべき、ってことだね」

「そうじゃな」

「じゃあフレンドコスメさんのニュースは抑えておかないとね」

ふと思いついたように実直は、ネットでニュースを検索してみた。

「へえ、フレンドコスメさんの通販ビジネス、不調、か……。そういえばお客様に直接販売する通販を、小規模だけどやってたな。今度高橋さんに聞いてみよう」

実直は再びボロノートにメモを取った。

＊

実直と智子は最近よく2人で昼食に出るようになっていた。ヘルシーさを売り物にする定食屋の席についてすぐ、待ちきれないかのように実直はボロノートを智子に見せた。

「ね、鳥野さん、また新しいこと習ったんだけど」

ボロの3つの差別化軸をボロノートを見せながら、たどたどしいながらも説明した。

「これ、わかりやすいわ。確かにフレンドコスメさんは密着軸よ。身近な感じがする」

「でしょ？　でさ、覚えてる、フレンドコスメさんの企業理念」

上目遣いで少し考えていた智子の目が、はっと驚きに見開かれた。

私たちは、お客様の肌の美しさを知りつくし、お客様一人一人の好みとお肌に合った美しさを追求します。

「すごい！　密着軸そのものじゃない！」

「うん。そうなんだ。実は、フレンドコスメ社の経営ってすごく考えられているんじゃないかな。この企業理念を考えた創業社長って、すごく戦略的な経営者だと思う」

「日向くん、サンデー広告の差別化軸は、どれだろ？　業界トップのギガ広告は、商品軸だよね。一番いい広告を作る、っていうのがウリだから」

「こないだポスターで負けた安井エージェンシーは、低価格だから手軽軸。すると、サンデー広告には、密着軸しか残らない……やっぱりそうなんだな」

「ね、差別化の軸って3つしかないの？」

「うん、3つしかないって言ってた。営業担当者もそうだって。僕は密着軸。ほら、何か僕って言いやすいらしいから……話がよく聞けるかな、って」

智子が突然真っ赤になった。

「そっか……だから怒鳴っちゃって……ごめんね……」

「ううん、あれがなかったら、鳥野さんとこんなに話せてなかったから……良かったよ」

実直は言ってからしまった、と思ったが智子は気付かずに感じ入っていた。

「そうかあ、整理できたね。ギガ広告が商品軸、安井エージェンシーが手軽軸」

「だから、うちは密着軸で行くしかないよね。お客様を知り尽くし、お客様に合った提案をするんだ。だから、フレンドコスメさんの社史を借りて良かった、って今思った」

自信に満ちた実直は輝いて見えた。同期で話せばグチばかりだったが、今やこんなに自社のことを前向きに話している。目の前の男の子のおかげだ、と智子は思った。

「あれ、じゃあ、日向くんが密着軸で、フレンドコスメさんも密着軸、サンデー広告も密着軸。みんな同じだね」

「あれ、そういえばそうだね」

実直は不思議な偶然を感じた。

「それでね、強みは弱み、弱みは強みなんだ。僕、サンデー広告が小さいことは弱みだって思ってた。なんかギガ広告にコンプレックス感じてて……」

実直が一息おいて言った。

「実は僕、就活でギガ広告、落ちてるんだ……それも、何かひっかかって、70%の不完全燃焼感につながってたのかな、って……」

「そ、そうなんだ……日向くんが言ってくれたから言うけど、実は私も……」

「え⁉ 鳥野さんも！？ こんなに優秀なのに？」

「ううん、優秀なんかじゃない。私もギガ広告には変なコンプレックスがあって……」

「鳥野さんも、か。なんか親近感があるな……で、サンデー広告がこの規模だっていう事実を、強みとして使うべきだ、って思った」

「どうすればいいの？ 協力させて。私も手伝う！」

「うーんとね、鳥野さんと僕がもっと仲良くなるの」

「⁉ ど、ど、どういうこと？」

「規模が小さければ、営業と制作、社長や上司との距離が近くて、動きやすい。だから、もっとみんなが連携して緊密に動いていくんだ」

「仲良くなるってそういう意味……」

別のことを少し期待していた自分に智子は気付いた。

「そうすれば、フレンドコスメ社の理解がみんな深まって、もっとフレンドコスメさんに合った提案ができる……」

「密着軸!!」

智子が言うと、実直がにっこりとうなずいた。

「だから、これからもよろしくね」

「うん！　こちらこそ」

智子は実直をまぶしそうに見つめていた。


オフィスに戻るときに、理香とすれ違った。理香が、あれ、また２人でランチなの、と聞くと、うん、と智子が晴れやかに答えた。

「私たち、もっと仲良くならないといけないからね」

とうなずき合う２人を理香はいぶかしげに見つめた。

＊

土曜日の夕方、夕日が照らす中、２人は演劇場の前で待ち合わせをしていた。今日は演劇を見に行く約束をしていた日だ。

腕時計を見た実直に、「遅くなってごめんね～」と若い女性が声をかけてきた。菜の花色の、鮮やかな黄色のワンピースを着た女性は、智子だ。両手で祈るような仕草で愛らしく謝る智子に実直は言葉を失った。いつもの黒のスーツではなく、鮮やかな黄色。いつものアップの髪ではなく、肩越しまで届く黒髪。いつもの黒の眼鏡もしていない。


「……え⁉　あれ、と、と、鳥野さん⁉」

「ちょ、ちょっと変かな？」

「い、いや……すごくキレイで……誰だかわからなかった。いつもと全然違って」

「よかったぁ……ちょっと不安だったの。あ、何、いつもはキレイじゃないんだぁ」

「あ、いや、そうじゃなくって……」

「う、そ、よ。ね、早く行こ」

智子は実直の手首を引っ張って歩き出すと、実直は握られた手首が熱くなるのを感じた。

智子は真剣に舞台を見ていた。けらけらと笑い、涙を流す、その忙しい変化に実直は見とれていた。会社での冷たい印象の智子とは別人だ。ある場面で、智子は涙をボロボロと流していた。泣くところじゃないのに、と思いながらも実直も舞台に集中した。

演劇の後には、予約していたレストランに入った。

「今日の鳥野さん……何か自然な感じがする。鳥野さんらしいっていうか……」

言ってから、実直はこの一言が智子を怒らせたことを思い出した。

「い、いや、そういう意味じゃなくって。眼鏡もしてないし、髪の毛も長いし……」

「ううん、今日のほうが私らしい、って言ってくれて、すごく、うれしい」

「いつも会社で見てる、黒っぽいスーツにズボンばっかりだから……」

「もう、パンツって言ってよ。ホントは、あーいう服、好きじゃないの。なんか、会社だと自分を守らないといけないような気がして……どう？　似合う？」

智子が黄色のワンピースの肩の部分をつまんで、おずおずと尋ねた。

「うん、とってもキレイ。ね、写真撮っていい？」

「ほんとは……ほんとはね、私はこういう服のほうが好きなの……って、え？」

実直はすばやく携帯をとりだし、智子に向けると、ぱしゃーんという電子音が店内に響いた。智子は、「勝手に撮っちゃダメ！」と言うが早いか、実直の携帯を取り上げた。実直は、消されてもしょうがないと諦めたが、智子の答えは予想とは違った。

「あーやっぱり変な顔してるぅ。もっとうまく撮って！　この画像は消してね」

「い、いいの……？　う、うん！　撮り直す、撮り直す！　これは消すね」

智子に向けた携帯の画面には、菜の花色の服に負けずに輝く笑顔の智子が写った。

「うん、これならいいよ。あ、店員さんに撮ってもらおうよ。あー、演劇場でも撮ってもらえばよかったね……気がつかなかった」

智子が心底残念そうにつぶやいた。

話題はいつのまにか、いつものフレンドコスメ社のことになっていた。

「ね、最近日向くんすごいよね。日向くんの先生って誰なの？　私も会いたいな」

「そ、それはまずいよ……」

「日向くんは良くて、私はダメなの？」

アルコールも手伝ってか、ぷうと頬をふくらませ、智子が詰め寄る。今日は智子の表情が一段と豊かだ。

「じゃ、じゃあ今度僕の部屋で……あ、そのネ……人がいいって言ったら、だけど」

「日向くんの部屋じゃないとダメなの？」

「ちょ、ちょっと事情があって。いや、別に変なことを考えているわけじゃなくって……まったく考えてないと言えばウソになるんだけど……あ、あ、そうじゃなくって……」

勝手にうろたえる実直を見て、智子は微笑んだ。


「……うん、日向くんはウソつかないよね。じゃあ今度行くね。いつがいい？」

「え、ホント⁉　……でも、1つだけ約束して。何があっても、誰にも、絶対に何にも言わない、って。会社の人はもちろん、家族にも、誰にも」

智子はいぶかしげな表情を見せたが、いつになく真剣な表情の実直の気迫に智子は納得したのか、ちょっと考え、うん、とうなずいた。

「じゃあ、土曜日の午後に行くね。駅に着いたら、迎えに来てね」

うなずき合う2人の顔がほんのり赤く染まっていたのは、お酒だけが理由ではないことに、2人はすでに気付いていたかもしれない。

帰った実直は早速ボロに相談した。誰にも言わないという約束じゃ、と言うボロに、

「う、うん、もちろん猫だなんて言ってないけど……。そうだね……うん、約束は約束、か……わかった、断るよ」

実直が心底残念そうな顔をした。

「鳥野智子か？」

「な、何でわかるの？」

「ワシを誰だと思っておる。そいつは信頼できるのか？　まさかワシをダシに……」

「まさか。約束は忘れてないよ。断るから大丈夫。でも、鳥野さんは信頼できるからね。それだけは言っておくよ」

実直が携帯を手に取った。

「……しょうがないのう。キューピットなどは柄じゃないのじゃが……」

実直がダイヤルしようとした手を止めてボロを見た。

「そうじゃな、連れてくるのは構わん。それから判断しよう」

「うん！　ありがとう！」

「ワシがしゃべらなかったら、お前にとっては最悪の結果になるからの。部屋に連れてくる口実ということになる……」

「……それでもいいよ。それに、鳥野さんは信頼できる人だから」


Strength（強み・差別化）の理論解説は、253ページにあります。合わせてご参照ください。

自分BASiCS

経験者の声

Kさん（20代）
警備会社　企画担当

「一度転職したくなったのですが、強みを見直してみると、今の会社で頑張ったほうがいいな、ということがよくわかりました。自分は現場が好きなんだな、ということがわかりましたし、「自分に頼んでダメならしょうがないし、自分がダメだというのなら、ダメなんだな」と顧客に言ってもらえるようになるまで頑張ろうと思えたんです。

Chapter 4

Customer

仲間

お前は、誰と共にいたいのか？

ボロと智子

　1週間が瞬く間に過ぎ、土曜日になった。智子が実直の部屋に来る約束をした日だ。実直は駅まで智子を迎えに行き、実直の部屋へと案内した。

「あれ、日向くん、猫なんか飼ってたんだ。可愛い猫ちゃんだね。ね、抱いていい？」

「もちろん。喜ぶよ。ボロっていうんだ」

「ボロちゃんかあ、かわいいね〜」

　頭をなで、智子が抱き上げるとるとボロがうれしそうに「にゃあ」と鳴いた。

「ね、ところで例の先生は？　誰もいないじゃない……」

「い、いや……あの……」

　実直は助けを求めるようにボロを見た。

「うん、日向くん、信じてるから。急に都合が悪くなって来れなかったんだよね、その人。日向くん、おなか空いてない？　ケーキ買ってきたよ」

「ワシも相伴《しょうばん》にあずかろうかの」

　知らない低い声が智子の近くから聞こえた。

「だ、誰？　ひ、日向君……？」

実直はホッとしたように、ふう、と息を吐いた。

「ワシじゃ。よろしくな、おぬしは鳥野智子じゃの」

智子は、自分の手元から声が聞こえるのを感じた。

「え……きゃあああ！」

思わず智子はボロを抱いていた手を離し、口に手を当てながら、壁際まで後ずさった。

ボロは一回転してふわりと着地した。

「おぬしらはまったく同じ反応をするの……似たもの同士、か……」

「ね、猫が……しゃ、しゃべった!?」

「しゃべる猫がそんなに珍しいか？」

「あ、当たり前じゃない……め、め、珍しいわよ……」

ここまで動転している智子を見ることができるのは、非常に興味深い。智子はしばらくボロを見つめており、部屋には沈黙が続いた。実直がしばらくして口火を切った。

「紹介するよ。僕の先生、ボロ」

「だ、だから絶対に秘密だ、って言ってたのね……そりゃそうね。まさか、猫が……」

智子はまだ動転している。実直はボロを抱き上げ、なでた。智子は深呼吸を繰り返し、落ち着きを取り戻し始めた。

「で、でも、よく見るとかわいいね」

智子が実直におそるおそる近寄った。

「大丈夫だよ、ほら」

「うん……落としちゃってごめんね……」

智子が実直に近寄ってボロの頭をなでた。

「私にも抱かせて。……ボロちゃんって言うのね、日向くんの先生。ボロちゃん、よろしくお願いします」

「おぬしも秘密は守れよ」

「うん、大丈夫。それに、こんなこと誰にも言えないわよ……日向くんと、私だけの秘密。私、口は堅いから。あ、そうだ。ケーキ買ってきたよ」

怪異を受け入れた智子は笑顔になった。

「あ、じゃあお茶入れるよ。ボロはどうする?」

「ワシもケーキじゃ」

「うん、３人分買ってきてあるから」

「ね、ボロ先生、質問があるんだけど。私もね、日向くんに教えられて、自分のＤＮＡ探し、やってみたの。それでね、それで……」

3人、正確には2人と1匹は話が弾んだ。智子の学生時代の話も聞けた。

「何じゃ、鳥野は優秀じゃの。教えがいがある。鳥野の家に引っ越すか」

「こいつ……あ、もうこんな時間だ。送っていくよ」

「うん、ありがと。じゃあボロ先生、また来るね」


智子を駅まで送り、戻った実直にすかさずボロがツッコミを入れた。

「なんじゃ、ずいぶん早いな。帰りにキスくらいしなかったのか？」

実直は真っ赤になってしどろもどろに答えた。

「ぼ、ぼくたちはまだそんなんじゃ……」

「まだ、か」

「あ、いや……うん、でもそうなれたらいいかな……」

「それもおぬしの努力次第じゃ。今日を変えれば明日が変わる。今日が変わったから、明日は変わっているはずじゃぞ。お前のことをキライならそもそも家になど来んじゃろ」

「うん。頑張るよ。何でも精一杯やることにしたからね！　ダメでもいい。できることをやるよ。それでダメなら、しょうがない」

ボロはうなずいた。にっこりと笑ったかのように見えた。

試練の連絡

　数日後、高橋からメールで来社の依頼が来た。コンペ（企画提案などを数社に依頼し、競わせること）の依頼だという。制作スタッフにもいてもらったほうがいいとのことで、智子と2人で訪問した。

　少し広めの会議室に案内されて待っていると、もう一人後から入ってきた。何回かフレンドコスメ社で見たことがある顔だ。広告代理店業界で最高と誉れ高い、ギガ広告社のスタッフだ。サンデー広告社にとっては競合となる。

　高橋が、お互いの紹介をする。名刺交換をすると、ぞんざいに片手で渡された名刺には「阿多間良夫（あたま・よしお）　戦略プランナー　ハーバード大　ＭＢＡ」とあった。

高橋は、今回はこの2社のコンペだという。時間の節約と公平を期すため、異例だが2社が一緒に説明を受けることになった。

　高橋が阿多間にギガ広告さんからは1人だけでいいのかと確認すると、「僕がいればそこの2人の10倍以上の価値がありますよ」としゃあしゃあと答えた。さすがに実直と智子もむっとした表情で応じた。

「当社が高級化粧品への進出を考えていることはご存じかと思う。製品も整いつつある。まずは、当社が得意なスキンケア商品、つまりクレンジング、洗顔、化粧水、美容液、乳液、などに重点を置きつつ、一部メイク商品も投入する」

高橋が説明を始めると、３人が真剣にメモを取りながら耳を傾ける。

「価格帯は今の商品より相当上で、数千円から、ものによっては数万円の、デパートのカウンターで扱うような商品だ。来年には数店を開きたい。今回はコンペだ。ＴＶＣＭは従来通りギガ広告さんだが、販促企画の提案をこちらの２社にお願いしたい」

「コンペするまでもなく我々の勝ちだと思いますが、コンペの必要があるんですか？」

阿多間が悪びれる風もなく言った。実直と智子が驚いて阿多間の顔を見た。

「当たり前じゃないか。サンデー広告さんには今までの実績もある」

「しかし、ＴＶＣＭと店頭ツールは連動しているべきですよね？　すべて弊社にお任せいただければ、連動性が高まります。コンペするまでもないと思いますが」

「そ、そんな言い方……」

言いかけた智子を実直が制し、「そうですね、連動性があったほうがいいですよね」と実直が応じた。

「あなたもそう思うでしょ。だからコンペなんか……」

と、阿多間が言うのをさえぎり、実直ははっきり、力強く言った。

「ですから、弊社にもＴＶＣＭの提案をさせてください」

「はあ⁉　そちらじゃできないでしょ⁉」

「連動性が重要なのであれば、ＴＶＣＭから店頭へという方向と反対に、店頭からＴＶへという方向性もあっていいですよね、高橋課長？」

智子も表情には出さなかったものの、その切り返しに驚いた。確かに実直の言う通りだ。あごに手を当てながら高橋はちょっと考えて、うなずいた。

「そりゃそうだ。ギガ広告さんだけがＴＶＣＭの提案をするのもおかしな話だな」

「はあ⁉　高橋課長、時間の無駄ですよ⁉　サンデーさんには無理です！」

「わかった。それは責任持って私が社長に話をつける。提案の期日は、10日後だ。時間は追って調整する」

そうはっきりと高橋に告げられ、阿多間は心底イヤそうな表情をした。

コンペの説明を聞くと、阿多間は高橋にだけ失礼します、と挨拶をし、どかどかと退室していった。残った高橋、実直、智子の３人は苦笑して顔を見合わせた。

「これはオフレコにしてほしいのだが、ギガ広告さんとサンデー広告さんに絞ったのは……こないだの工場見学の提案なんだ。社長に見せたところ、いたく気に入られてな……ギガ広告さんにすべて任せては、という意見もあったが、社長自ら御社の意見を聞きたいと言うんだ。私も、あのような前向きな姿勢は好きだしな」

「はい！　ありがとうございます。頑張ります！」

と言う、実直の顔が喜びに溢れた。

帰りがけに実直は何気なく「御社の通販ビジネスが不調、と新聞に出てましたが……」と高橋に尋ねた。

「そうなんだ……既存商品をうちが直接販売すると、今の売り先のドラッグストアさんなんかが反発するから、大々的にやるのは難しい……それも何か提案があったら頼むよ」

「はい、わかりました」

と応え、実直と智子も退出した。

フレンドコスメ社のビルを出て、周りを見回し、誰もいないのを確認して智子が口を開いた。

「何アイツ！　ＭＢＡとかってひけらかして……感じ悪〜い！」

「確かに僕もムカついたけど、でも高橋さんはフェアな方だから、大丈夫だよ」

「そうだよね。実直くん、やるじゃない」

「うん、工場見学の提案、ムダじゃなかったね！　鳥ちゃんもありがとう！」

「そっちもそうなんだけど、テレビのCMやらせてくれ、って」

「あ、あれ？　だって悔しいじゃん。ギガ広告に攻められるだけだなんて」


実直が悔しいなんていう発言をするのを智子は久しぶりに聞いたような気がした。


「強みは弱み、弱みは強み。だったら、機会は脅威、脅威は機会なんだと思う。今回のコンペは大変な脅威だけど、それを機会として捉えたほうがいいかな、と思って」

「そうか、ピンチはチャンス、だよね。今回は大きいわよ。今度は頑張ろうね！　時間もないわ！　もう明日からフル稼働よ！」

「おう！　あんなヤツに負けるか！」


ハイタッチする2人のパンという乾いた音がアスファルトに響いた。地下鉄東池袋駅の出口から見たサンライズビルは、2人の前に立ちはだかるかのようにそびえ立っていた。

帰社するとすぐ、高橋から実直に電話が入った。

「日向さん、先ほどの件だが、サンデーさんからもＴＶＣＭの提案をいただくことは友田社長も承諾した」

「ありがとうございます！」

「ただ、一つお願いがある。友田は、２社のプレゼンを同時に聞き、互いにディベートしてほしい、と言うんだ」

２社が同じ部屋でプレゼンを行い、互いに改善点などを指摘し合い、そのプロセスを通じて提案のレベルを引き上げたい、という。今回の高級化粧品への進出は、フレンドコスメ社の悲願であり、絶対に成功させたい。両社が議論を尽くした上で、恨みっこなしで勝者を決める。だから、両社のプレゼンのいいところ取りになる。異例なやり方であることは承知の上で、ぜひ協力してほしい、とのこと。

「私も初めてだが、高級化粧品参入を絶対に成功させたい、という友田の熱意は私にも痛いほどわかる。ディベートの準備は特に必要ない。サンデーさんとギガ広告さんのプレゼンをお互いに聞いて、主張をぶつけ合ってほしい、ということだ」

「わかりました。それなら弊社も望むところです」

「君ならそう言ってくれると思っていた。あ、ちなみにギガ広告さんは相変わらず自信満々だったよ。でもサンデーさんにも頑張ってほしい。もちろん評価は公正に行う」

はい、と答えると電話が切れた。実直は、さっそく上司の鈴木ディレクターに報告した。

「大規模な案件だな。これが取れれば、うちにとってはすごく大きいぞ……」

「ぜひ、僕に企画を作らせてください！　頑張りますから！」

「今度は大丈夫か？　この間のポスターの件もあるしな……」

「はい、大丈夫です！　制作の鳥野さんも一緒に話を聞いているので、制作の方にはもう伝わっているはずです。いつものスタッフで構いませんよね」

「う、うむ……」

ディレクターはそう言うと、不安そうに考え込んだ。

ターゲット

実直は帰宅するなりボロに一部始終を説明した。

「今度は本当に本番だ。頑張る、って決めた。だから先生、武器の続きを……の前に自分で考えるんだよね。ＢＡＳｉＣＳの１つ目が『戦場・競合』、２つ目が『独自資源』、３つ目が『強み・差別化』。Ｂ、Ａ、Ｓと来て、次は、４つ目、Ｃだよね」

実直はボロノートを開きながら言った。ボロはうなずき、黙って聞いていた。実直が自ら考えるようになったのは、大きな進歩だ。

「**4つめは、〝顧客〟、Customer**じゃない？」

「正解じゃ。なぜそう思う？」

大したものだ、とボロは思った。実直の著しい進歩は、戦略的な思考に向いているからか。

「競合、自分、と来たら、次はお客様でしょ。一番大事じゃん」

「そうじゃの。おぬし、**セグメンテーションとターゲット**、は知っているか？」

「それくらいはね。セグメンテーションって、20代、30代とかって分けて、その分けた固まりがセグメント。その中から20代女性とかって決めるのがターゲット、でしょ。ボロがそんな言葉を知っているほうが不思議だけど」

ボロは無視してそのまま続けた。

「それで、なぜ分けるんじゃ？」

「年齢が違うから」

「年齢が違うとなぜ分けるんじゃ？　そもそも10歳区切りで良いのか？」

「そう言われれば……何でだろう？　みんなそうやってるからそうしていたけど？」

「なんじゃ、それでは軍師が泣くぞ。そもそもなぜ男女を分けるのじゃ？」

「だって男はそんなに化粧品を使わないし……そうか、ニーズが違うからだ。じゃあさ、男女のニーズが同じだったら、分けなくていいの？」

「おぬしは日焼け止めを塗るとき、男性用、女性用を気にするか？」

「日焼けさえ防げれば別に女性用でも……そうか、ニーズが同じなら分けなくていい。年齢が違っても、ニーズが同じなら分けなくていい。逆に、同じ年齢でも肌が違えば……」

実直は熱心にメモを取った。

「じゃぁ、年齢じゃなくて、肌のタイプとか、悩みで分けたほうがいいね。わかってきた。**ニーズが違うから分ける**、と。で、**どれかに決めるのが、ターゲット**だね」

「どうやってターゲットを決めるのじゃ？　売れそうな人、というのは当然として」

「えっとね……競合が少ないところ、かな？」

「競合がいたとしても、勝てれば問題ないじゃろ」

「そんなカンタンに……あ！　差別化できればいい！　強みが活きるお客様を狙う！」

「そうじゃな。競合がいても、勝てれば良いのじゃ。だからここまで競合、独自資源、強み、と順に分析したわけじゃ。B、A、S、Cという順序には意味があるのじゃ」

「すごい！　戦場、独自資源、強み、顧客、の順番には意味がある……人によってニーズが違う……自分の強みが活きる顧客を狙うために分ける……」

実直は、頭が回転し始めるのを感じた。

「あと、誰に売りたいか、っていう売り手の意思もあるよね」

「当然じゃ。**お前は誰と共にいたいのか？**」

ボロがゆっくりと言った。

「僕は誰と共にいたいのか……」

実直がメモを取りながらつぶやいた。智子の顔が頭に浮かんだ。

「誰かに売りたい、という会社の想いと、その会社から買いたい、という顧客の想いは相思相愛であるべきじゃの。それが顧客と強みの一貫性、ということじゃ」

「すごいね、このＢＡＳｉＣＳって。顧客と強みの一貫性……１つの要素が、別の要素と次々に絡み合う。フレンドコスメ社のターゲットは、今回は高級化粧品だから、既存顧客ではない？　いや、むしろ既存顧客に、より高価値な商品として……」

「その場合の競合は誰じゃ？」

「そうか、戦場が変わる！　高級化粧品戦場だから、高級化粧品メーカーが競合だ！」

「高級化粧品戦場とは、具体的にどこにあるのじゃ？」

「えーっと……物理的な場所で言えば、デパートの高級化粧品売り場かな？」

「そこにくる顧客は誰じゃ？」

「あ、顧客に戻った。そうか、**戦場によって顧客が変わる**！　すごい、全部つながる！

BASiCSは5つで1つの武器、ってそういう意味か！　じゃあターゲットは……」

実直は、何か考えては、ボロノートに書き始めていった。


「あれ、ところでさ、今までいつも個人の場合と会社の場合の使い方の両方があったよね。会社の場合はわかったけど、個人の場合は？　僕の顧客って誰？」

「お前の戦場はどこじゃ？」

「サンデー広告社……とすると、上司が顧客？」

「確かにそうじゃ。サンデー広告社での出世を目標とする場合はな。じゃがの……」

「わかってる。お前は誰と共にいたいのか、だよな。大丈夫。もうそれは決まってる」

「頑張ることじゃ。色々とな」

と言ったボロの目はもう閉じ、眠りについていた。


翌朝、挨拶もそこそこに実直は智子に、ボロから習ったターゲットについて話した。プレゼンに向けて、実直と智子は高級化粧品について調べた。高級化粧品戦場は、フランスやアメリカの超有名外資系ブランドが非常に強い。顧客層についても調べてみると、色々とデータはあるが、ピンと来ない。

「総務省の家計調査で、単身女性の化粧品の消費金額を調べてみたら、こんな感じ」

実直は智子にパソコンのプリントアウトの表を見せながら言った。

「年代別には、34才以下、平均27才の女性で、年間約5万1千円化粧品に使う。その上の世代の女性は、平均51才で、年間約3万6千円。つまり、化粧品のメインの購入者は20代、30代かな。ちなみに婦人服でも同じような傾向にあるよ」

「へえ、若い人のほうが化粧品を買うんだ。若い人はより化粧品とか服にお金を使うってことだね。でもこれって、単身世帯のデータだから、富裕層のマダムなんかは入ってないよね？」

「うん、2人以上世帯の年収別データもある。世帯での消費だから目安だけどね」

「へえ。それでそれで？」

「確かに年収が高いほど、化粧品の消費金額は高い。年収上位20％世帯で4万4千円」

「あれ、年収上位20%世帯より、さっきの若い女性のほうが、化粧品消費金額が高い！」

「そう。それに、この世帯には、女性が2人以上いる世帯も含まれているから、1人当たりの差はもっと大きい。つまり化粧品にお金を一番使うのは、若めの有職女性」

「やっるぅ、実直くん、よく調べたね！　確かに、キャリアウーマンのほうが化粧品のニーズはあるよ。毎日人前に出るからね。でも、数字で出ると納得するね。すごいわ」

「高級化粧品を買うかどうかまではわからないけど、その確率も高いと思う。その人たちは、多分ドラッグストアでも買い物してる。百貨店と使い分けてるのかもしれない。それがフレンドコスメ社の既存ユーザーなら、高級化粧品にも興味を持ってもらえるかも」

「デパートと100円ショップの両方を使い分けている人も、友達に結構いるからね。でも、キャリアウーマンって言っても色々だよね？　私と理香でも全然違うし」

「ニーズの違いが重要だってボロも言ってた。高級化粧品を買う人って、僕は男だから、正直よくわからない。鳥ちゃん、どう思う？」

「あれ、実直くんらしくないじゃない。弱みは強みじゃないの？」

「あ、そうか。別に男性からの視点でもいいんだね。僕は、やっぱり、他人に化ける化粧品ってちょっと……。やっぱりその人らしいのが一番いいんじゃない？」

「自分らしさ、か……うん、やっぱりそうだよね」

智子が少しうれしそうな顔をして続けた。

「化粧品のCMの外国人モデルに、違和感を感じることもあるわ。魅力的だけど、私はあんなキレイじゃないし、肌も違うし……『私』に合うのかな、って思うことがある」

「いや、鳥ちゃんはすごくキレイだよ。でも確かに、外資系の化粧品は強そう、って感じがする……フレンドコスメさんは国産だから、日本人に合いそうだ」

「ありがと」と微笑む智子に実直は不思議そうな顔をしたが、自分の言ったことの意味に気づき、あわてた顔をした。

「あ、あの……高橋さんに聞きに行こうよ。うちの調査能力がないみたいでイヤだけど、素直に聞いてみたい」

「何て？」

「御社はどんなお客様と一緒にいたいですか、って」

「そうだね。うん、行ってみよう！」

高橋は突然訪れた2人を快く迎えてくれた。実直は、調べたことを率直にぶつけ、単刀直入に聞いた。

「いい質問だね。ちょうど昨日、顧客調査結果が上がってきたんだ。あ、これ、御社とギガ広告さんにも送ったほうがいいな。じゃ、送っておくよ。社外秘で頼むよ」

フレンドコスメ社の顧客調査は、多面的にユーザーニーズを捉えていた。

自由回答欄には、色々な回答が書かれていた。

「あごにニキビができやすいので何とかしたいけど、私の肌に合う化粧品があるかどうかすらわからない。友達には合っても私の肌と違うかもわからないので、不安」

「小鼻の毛穴の黒ずみとニキビが目立っちゃって……」

調査はこのような自由回答を、テキストマイニングという手法で分析し、顧客の心理をかなり的確に捉えていた。高級化粧品ユーザーの心理状態は、

・高級感、外国人への憧れを持つ人

・自分らしくありたい人

の2つに分かれているように実直には見えた。他人志向か自分志向か、という心理的態度だ。智子と思わず顔を合わせて深くうなずいた。

「ニーズが違うから分ける、ってこういうことなんだ」

「他人に憧れるか、自分らしくありたいか、という2つの心理状態は、まったく違うセグメントなのね。私は、私らしくありたいけど……」

智子が資料を見ながら答えた。

「あれ、自分らしくありたい人って、有職女性に多いみたい。キャリアウーマンのほうがそう思う、ってことだね」

「日本の会社はまだまだ男社会よ……職場で、女性らしく、自分らしくいるのって結構大変なのよ。キャリアウーマンが『自分らしくいたい』って考えるのはよくわかるわ」

「そうかあ。僕ら男性にはわからないつらさだろうね……」

「女性にとってのお肌ってね、身体の外というよりは、内側って感じ。ストレスとか、睡眠不足とか、内面の変化が鏡のようにお肌に現れるのよ」

「肌は内面の鏡、か……」

実直と智子は、長いこと2人で顧客分析に熱中していた。

奪われた挑戦の機会

その日の夕刻、実直と智子は社長室に呼ばれた。2人で入ると、社長の三出（さんで）、実直の上司で営業ディレクターの鈴木、智子の上司で制作ディレクターの田中の3人がいた。

「あのな、今回のフレンドコスメさんのプレゼンの件だが……」

鈴木が言いにくそうに切り出した。

「はい、今頑張ってます！」実直が元気よく答えた。

「あのな……あのな、今回は、私と田中さんで仕切ることにした」

「え⁉」実直と智子が同時に声を上げた。

「今回の提案は、単なる一キャンペーンではない。フレンドコスメさんにとっても社運を賭けたものになる。当然将来的な広告投資も数年がかりで相当大規模なものになるだろう」

「そ、そうですけど……でも……」

「ギガ広告社も、エース級のプランナーが出るんだろ？　君たちで対抗できるのか？」

「だから負けないように頑張ってるんじゃないですか！」

実直が強く返すと、鈴木が少し驚いた。この男が言い返してくるとは珍しい。

「これは会社としての決定だから、わかってほしい。無論君たちにも手伝ってもらうが、全体の方向性は私と田中ディレクターで仕切る。君たちはそのヘルプに回ってくれ」

「でも、フレンドコスメ社を一番知っているのは、日向くんです」

智子も加わって応戦すると、鈴木は一つためいきをついて言った。

「これはうちにとっては、大きなチャンスだが、負けると取引すべてをギガ広告に持って行かれる可能性もある。はっきり言うと、君たちに任せておくには重要すぎるのだ。前回のラブリーリリップの件もある。今回は絶対に失敗できないんだ」

ぐ……2人の顔がひきつり、押し黙った。そこをつかれると痛い。今回は自分にできることを精一杯、120%やろうと思ったのに、そんなチャンスは与えられないのか。

「じゃ、そういうことで。わかったね」

社長が他人事のように言うと、ようやく「はい……」とだけ声を出して2人は退室した。

「鳥ちゃん……」

「実直くん……悔しいけど、会社として、って言われたら、しょうがないか……」

「うん……でも……悔しい」

「もちろん私だって………」

しばらく2人は何も言えず、黙っていた。実直がようやく口を開いた。

「しょうがない……プロジェクトから外されるよりマシか……できることをやるか」

「そうだね………頑張ろう」

そう無理してつぶやいた2人の声に力はなかった。

＊

ディレクターのヘルプは懸命にやった。しかし、実直は再び70％の不完全燃焼感を感じ始めていた。

「これで本当にギガ広告に、阿多間良夫に勝てるのか……」

身体はディレクターの指示をこなしながらも、頭ではそんな疑念が渦巻いていた。

コンペまであと5日に迫った夜、コンビニの弁当とキャットフードを手に、実直は疲れた顔で帰宅した。以前の生気のない目だ。実直は力なく弁当を食べ始めた。

「何を悩んでおる」

「うまくいかないものだな、と思って。せっかく頑張ろうと思ったのに……」

「悩んでも何も変わらぬ。おぬしがすべきは、できることを精一杯やることだけじゃ」

実直の箸の動きが止まり、しばらく考え込んだ。

「そうだな……。今できることを精一杯やる、か……うん、その通りだ！」

実直の目に光が灯った。

「おぬしにはもう仲間がおるじゃろ」

実直の頭に智子の顔が浮かんだ。

「……うん……うん。そうだよ。もう悩むのはやめだ。ボロ、ありがと！」

5日ぶりに実直はボロノートを開いた。なんだか久しぶりに開いた気がした。ノートを振り返りながら、実直は弁当を食べるのも忘れ、考えるのに熱中していった。


次の日、実直は智子を昼食に誘った。

「鳥ちゃん、どう、クリエイティブは進んでる？」

「進んでるけど、これじゃギガ広告に勝てないと思う……モデルの美しさで勝負しようとしても、それじゃ彼らの得意な戦場で戦うようなものだと思うの」

「僕もそう思う。うちの強みがまったく活かせてない……」

「高級化粧品に使われるような外国人モデルを使った経験、うちにはないし、コネもないから……そうか、経験がないってことは、独自資源がない、ということなのね」

「きっとその戦場はギガ広告が大得意な戦場だよね……わざわざそんな相手の強みが活きる戦場で勝負しなくても……鈴木さんにそう言ったけど、聞いてすらくれなかった」


2人は、ボロの教えた戦略用語を自在に使いこなせるようになっていた。

「鳥ちゃん、考えたんだけど……」

実直の真剣な眼差しに智子は少し身構え、うん、とうなずいた。

「僕たちで、企画作らない?」

智子は少し驚いた表情をしたが、黙って実直の次の言葉を待った。

「今のディレクターの企画じゃ勝てない。だから、僕は僕で考えてみたい。プレゼンの機会はないかもしれない。時間の無駄かもしれない。でも、やってみたい！　何もしないで負けるのはもういやなんだ。鳥ちゃん、協力してよ」

智子はにっこり笑ってうなずいた。

「実は、私もそう思ってた。でも1人じゃなって思ってた。上司の仕事を手伝わないわけにはいかないけど、何とか時間を見つけて、S&T案を作りましょう！」

「S&Tって？」

「決まってるじゃない。チームS&T！　実直&智子案よ」

「あ、それいいね。ボロの教えもあるし、高橋さんとも色々話せたし、今は僕たちのほうがフレンドコスメさんをわかってる。ディレクターの仕事の後だから、体力的にはきついけど、残された時間で、120%の力を出し切ろう！」

「うん！　それでダメだったらしょうがないよ。時間の無駄なんて思わないわ。頑張ろう。アイツに負けるのもシャクだし！」

2人はどちらともなく固い握手をした。

「あと、TVCMを作るから、高見さんの力もいるね。僕から話をするよ」

「うん、助けが必要だったら遠慮なく言ってね」

未だに手を握っていることに気付いた2人は、あわてて手を離した。

昼食後、実直は誰もいない会議室に理香を呼び、智子と話したことを正直に伝えた。

「鳥ちゃんの了解はとってある」

「鳥ちゃん？　ああ、智子のことね。あんたたち、最近あやしいね」

その質問には答えずに実直は続けた。

「こないだのポスターのような失態は繰り返したくないんだ」

「手伝ってあげたいけど、田中ディレクターから来てる仕事、結構あるからなあ……」

「テレビのＣＭも進んでる？」

「何それ？　ＴＶＣＭなんか作るの？」

「え？　田中さんには伝えたんだけど。鳥ちゃんも言ってなかった？」

「なにぃ……田中が外部の制作会社と何かやってたけど、それだな……。あいつ、私に話を回さなかったな！　私がＴＶＣＭ作りたいって何十回言ったと思ってんのよ！」

「作ろうよ、僕たちで！　ディレクター案じゃなくてさ、『僕たち案』を作るんだ！」

理香の眼が輝いた。

「提案のチャンスはないかもしれない。でも、今のままじゃダメだ。僕らのためじゃなくて、会社のためにも、フレンドコスメさんのためにも、もっと練りに練ったアイディアがいる。それには高見さんの協力がいるんだよ！」

「うん……それ、のった！　ＣＭ作りたかったし、田中にもハラ立つし。大丈夫、上からの仕事はやる。その仕事の後に、時間見つけてやろう。寝る時間ないな、ははは」

理香が笑ったちょうどそのとき、ガチャとドアが開き、智子が心配そうにのぞき込んだ。

「理香、私からもお願い」

「智子、やけにサエナイの肩持つじゃない」

「ち、違うわ、会社のためとクライアントのために……」

「わかってるわよ。もうやるって言ったわ。面白そうだしね」

智子の顔がぱあっと明るくなった。

「それじゃあ、同期チーム、結成だね！　ね、ね、なんかこういうの初めてだね」

「会社のためにしてはやけにうれしそうね。智子、そんなキャラだったか？」

「わ、私はま、前からこうよ……」

智子の頬が真っ赤になった。

「でもサエナイ、変わったね。アンタがこんなに熱くなったの、初めて見た。ちょっとかっこよかったよ。智子がこんなになるのもわかる気がする」

「だ、だから違うって……もう、理香、やめて……」

智子がますます赤くなった。

「僕のほうで、企画の戦略部分を考えてみる。時間があいたときに、こっそり打ち合わせよう。昼休みと、夜ディレクターが帰った後だね。とにかくあと5日だ。頑張ろう！」

「お前は誰と共にいたいのか？」

ボロの声が頭に響いてきた。そうか、これが僕が一緒にいたい人たちなんだ。実直はその言葉の本当の意味を実感した。

Customer（顧客）の理論解説は、261ページにあります。合わせてご参照ください。

Chapter 5

Selling message

決戦

お前は誰だと世の中に宣言するのか？

完成、戦略BASiCS

それから、実直は考えに考えた。睡眠時間はほぼゼロだったが、不思議と疲れを感じなかった。これが、120％の力を使う、ということなのか……身体は死ぬほどつらくても、心には迷いがない。実直は今まではない不思議な充実感を感じていた。

コンペの日まであと3日。深刻な表情で帰宅した実直を、ボロが優しく出迎えた。

「どうじゃ、進んでおるか？」
「難航してる。ディレクター案じゃダメだと思ったけど、自分で考えてみると難しい」
「そうか……じゃあ最後のレッスンじゃや。これが戦略5つ目の要素になるの」

ぱっと実直の目が輝き、ボロノートをさっそく取り出した。

「5つ目の要素は『メッセージ』じゃ」

「メッセージ？　ここまで、**Battlefield** 戦場・競合、**Asset** 独自資源、**Strength** 強み・差別化、**Customer** 顧客、BASC、って来たよね。BASiCSの最後は『S』じゃないの？」

実直はノートを見ずにスラスラと言った。この思考方法を完全にモノにしていた。

「最後は、**Selling message** のS、メッセージ、じゃ。これで戦略の5要素、BASiCSがすべて揃った。B、A、S、C、S、じゃの」

「初めてのときも聞いたけど、Cの前のiは？」

「何でもいい。**integration**、統合のiとでもしておけ」

「何でそんな言葉知ってるんだ……とにかく、メッセージ、と」

実直はボロノートの1ページ目の最下部の空白に、**Selling message**、メッセージ、と書き込んだ。

「何で最後がメッセージなの？　ここまでの戦場とか強みが戦略の要素ってのはわかるけど……メッセージってそもそも何？　売り文句？」

「まあ売り文句じゃが、**広い意味でのメッセージ**、**何をどのように伝えるか**、じゃの」

「それと戦場とか強みとかって同列なの？　レベルが違うような感じがする」

「強み、とは何じゃ？」

「自分にしかできないことで、顧客に価値があること」

「ではそれだけで売れるのか？　たとえば、お前が想っている女性がいるとする。仮にその女性の名前を智子としよう。仮にその女性もお前を想っているとする。さて、何が起きる？」

「きっとうまくいくよ……うまくいくといいなあ……」

「それにはある条件がいるじゃろ。**何もしなければ、何も起きない**」

「そうか、想いを伝えること！　それがメッセージ、か！　確かに、製品に強みがあるだけで売れるなら、広告代理店の仕事なんかない。製品の良さを広告とかで伝えないと売れないから、メッセージと強みが同列なんだ。じゃあ今回は、広告って考えていいの？」

「広告はメッセージの重要な一部ではあるが、一部でしかない。製品も価格もメッセージじゃ。千円の商品と一万円の商品では、受ける印象が違うじゃろ？」

「うん、一万円の商品のほうが高級そう。でもそんなこと言ったら全部メッセージじゃん。店構えとか、店員さんとか……」

「そうじゃ。**顧客の目に見えるものは、すべて何かを伝えておる**」

「……そりゃそうだ。高級な店構えなら、高級そうな感じがする……って、これ、大変じゃん。全部だよ、全部！　製品も、広告も、店も……広告だけでも、ＴＶ、駅貼り広告、店頭ポスター、あ、パッケージもある意味広告か。うっわー、これ、大変だ」

「だから大変だし、大事なんじゃ。5つで1つの武器だと言ったであろう」

「ということは、他の要素との関係性だよね、伝えるべきメッセージは……そうか、誰に、何を、どう伝えるか、だね。誰に、は『顧客』に、何を、は『強み』を、だよね？」


ボロは驚いた。ついにここにきて、実直の思考は飛躍的な進歩を遂げていた。言われる前に先に考える心的態度と、昔学んだ戦略論が結びつき、スパークを始めている。こやつ、本当に軍師の才があるやしれぬ、とボロは思った。

「あと、競合、か。競合と違うメッセージじゃないと差別化できない……そうか、サンデー広告とギガ広告でもそうだな。僕らの顧客、フレンドコスメ社に、僕らがどんなメッセージを出すか……これ、すごい、すごいぞ‼」


実直の手が猛スピードで動き始めた。

「頑張れよ、若者」

ボロはそう言ってゆっくりと眠りに落ちた。しばらくして、ボロは実直の声で目が覚めた。

「なあ、ボロ。これが最後。会社のメッセージは、広告とかだよね。個人の場合は？」

「お前は誰だと世の中に宣言するのか？」

ボロはそう言って再び目を閉じた。

「は？　あ、そうか、これがいつもの質問か……僕は誰だと世の中に宣言するのか……DNAを調べて……そうか、メッセージは、今までの総決算！　**戦場、独自資源、強み、顧客、それが凝縮された『宣言』**か！」

実直は、帰宅したときとはまるで違い、その目はランランと輝いていた。実直のペンは、疲れを知らずに動いていた。コンペまで泣いても笑っても、あと3日。

戦いの火蓋

ついに、コンペの日が来た。実直が会社を出るとき、何気なくサンライズビルを振り向いた。晴天にそびえ立つサンライズビルは、「頑張ってこい」と背中を押してくれているように見えた。

フレンドコスメ社の会議室には多くの人が集まっていた。フレンドコスメ社から友田社長、高橋課長とその女性の部下3名の計5名、ギガ広告社からは先日の阿多間良夫以下、様々な部署のスタッフ10名、そしてサンデー広告社からは、社長の三出、営業ディレクターの鈴木、制作ディレクターの田中、そして実直、智子、理香の6名。全部で20名ほどが会議室に集結した。

まずはサンデー広告社からのプレゼンテーションとなった。両ディレクターとも競合の目前でプレゼンするのは初めてで、戸惑いと緊張が伺える。

高橋が「なぜ君がやらないのか？」という顔で、不思議そうに実直を見た。実直はバツの悪そうな顔で黙礼した。

サンデー広告社のプレゼンは淡々と進んだ。鈴木が高級化粧品の現状の説明を続けると、高橋の部下の一人が、あくびをしかけてあわてて口を閉じた。続いて制作ディレクターの田中が、「高級化粧品にふさわしい高級感のあるもの」というお決まりの説明の後で、ＴＶＣＭとポスター案を出した。見たことのない外国人モデルを起用していた。ギガ広告社は余裕の表情で見ており、阿多間良夫にいたっては「誰だよ、それ」と露骨に声に出し、失笑していた。

こちらも特に盛り上がることはなく、淡々とプレゼンが終了した。この状況に、サンデー広告社からの参加者全員の顔に戸惑いと不安が表れていた。

休憩の後、いよいよギガ広告社のプレゼンだ。阿多間良夫が前に出た。プレゼンにはサンデー広告社にはなかった、様々な分析が出てきた。統計分析もあれば、競合の百貨店カウンターの状況を映したビデオもあった。すべてにおいて、サンデー広告社を上回っていた。30代女性をターゲットとし、高級感を全面に打ち出す方針だ。強み弱み分析も、サンデー広告社はしなかったが、阿多間はきっちりと分析してきた。

・強み　低価格生産力
・弱み　販路を持っていないこと、親しみやすいというブランド認知

この分析に違和感を感じた実直はあわててメモを取った。

いよいよTVCMやポスターなどのプレゼンになった。ギガ広告社は白地に金などをあしらった、高級化粧品らしい色づかいをベースに、アメリカのトップモデルを起用してきた。世界的に著名な、いわゆるスーパーモデルだ。

「すごいわ！」という声がフレンドコスメ社の女性スタッフから上がった。「ね、ね、私

たちも会えるのかな?」などとうれしそうにささやき合っている。

高橋課長がそのモデルを本当に使えるのか、と念を押すと、コネを活かし、すでに内諾を得ているという。ギガ広告社の独自資源をフルに活かしている。企画はサンデー広告社同様「高級化粧品らしさ」を前面に打ち出したものだが、似ているだけにその差は誰の目にも明らかだった。CMの完成度、プレゼンのうまさ、などすべての面でギガ広告社が圧倒した。

最後に阿多間が締めた。

「御社はこれから高級化粧品メーカーになります。それにふさわしいものをご用意しました。私どももそれにふさわしい広告代理店として共に歩ませていただきたいと思います」

ギガ広告社のスタッフと、フレンドコスメ社の女性スタッフは恍惚とした表情で拍手した。友田社長と高橋課長は拍手をしつつも冷静さを保っているようだったが、サンデー広告社にはすでに敗北感が漂っていた。両ディレクターは完全に気圧されている。

「ではこれから互いにディベートをしていただきたいのだが……」

友田社長が言うと、すかさず阿多間が「そんなのするまでもありませんよ」と応じた。

ギガ広告社からはそうだそうだ、という声がすかさず上がった。

三出社長が両ディレクターの顔を見ると、ディレクターは2人ともうつむいてしまった。勝負は決した、と誰もが思った。実直も、気圧されていた。確かによくできたプレゼンであり、広告だったし、何よりも阿多間の迫力に圧倒された。

実直の心の中で、声が聞こえた。

「しょうがないか……オレのせいじゃないよな」

実直もうつむいた。10秒間くらいであろうか、沈黙が続いた。ギガ広告社の余裕とは対照的に、サンデー広告社の社長、ディレクターはいたたまれず、今にも逃げだそうとしているかのようだった。実直も動かない、いや、動けなかった。世界最強と言われるギガ広告社の迫力を前に、蛇ににらまれた蛙とはこういうことなのか、と思った。そんな中で、智子だけは、じっと実直を見つめている。

そのとき、実直の頭にもう1つの声がささやいた。

「実直、お前は本当にそれでいいのか？　サエナイのままでいいのか？」

ボロの声か、自分の声か、声は続いた。

「今日を変えれば明日が変わる」

高校時代の実直の強い目が自分を見つめていた。その口が「ここ大事だぞ、集中！」と叫んだ。そうだ、思い出せ、あの瞬間を！　今できることを精一杯やれ！　恥ずかしいなんて思うな！　なりふり構わず、勝つんだ！　実直は、卓球のラケットを握るがごとく右手を握りしめた。

「では今回はそういうことで、ギガ広告社さんに……」

高橋が言いかけたときだった。

「**異議あり！**」

叫ぶかのような声と共に実直がバネじかけのように立ち上がった。会議室の視線が実直に集中砲火を浴びせた。

私は私

「さ、ささ、さ、さすがギンガ広告さん、素晴らしい分析をされましたね」

詰まりながらも何とか最初の一言が出た。「ギンガ広告じゃねーよ」とギガ広告サイドから失笑がもれた。

「ま、まま、ま、まずはいくつか質問させてください。例の強み弱み分析ですが、『親しみやすさ』がなぜ弱みに分類されているんでしょうか？」

「なぜって、高級化粧品を出そうというのだから、高級感を出さないとだめですよね。そんなときには、親しみやすさというのは邪魔になりますよ」

そんなこともわからないのか、という顔で阿多間が応えた。

「で、でで、ではうかがいます。高級化粧品では、外資系を初めとする、そこで戦うのを得意とする、すなわち高級感溢れる化粧品会社がひしめいています。そ、そんな競合と真っ向勝負して、フレンドコスメ社さんが勝てるというんですか？」

「失礼だな、君は。高級化粧品はやめろ、というのか？」

友田社長が口をはさんだ。

「そうですよ。ですからもうこれで……」

阿多間が調子に乗って続く。

しまった、と実直は思った。思考が止まった。20人の目に見つめられる緊張感は想像以上だった。考えがまとまらない……どうしよう、どうしよう……冷や汗が流れ始めた。

そのとき、近くでガタ、と椅子が動く音がした。智子が立ち上がっていた。

「も、申し訳ありません、御社が勝てない、ということではなく、同じ戦い方をして勝てると思いますか、と日向は聞いたのです」

智子だ。そうだ、僕はもう1人じゃない。

「もちろんです。さっきのCMを見たでしょ。そこらの外資系にはひけをとりません」

阿多間が座ったまま、余裕を見せながら返答する。

「ひけをとらない、ということは、か、勝ってはいない、ということですね」

智子ですら、いつもの冷静な調子と違い、声がうわずっている。

「なんだ、揚げ足取りか。競合にはちょっとでも勝っていればいいんですよ。これだから戦略を知らない人は……」

阿多間が座って足を組んだままで、さもめんどくさそうに答えた。
「友田社長、高橋課長、もういいのでは？」
阿多間が促したが２人は黙ったままだ。

「ここ大事だぞ。集中！」

実直の頭の中に、再び声が聞こえた。智子も必死で頑張っている。ここが勝負だ！　右手を再度ラケットを握るように握りしめた。落ち着きを取り戻すと同時に、闘志が戻ってきた。高校時代もそうだった。負けそうなときこそ、自分で自分に声を出して、勇気づけていた。実直の目に光が戻った。

「彼らはこの戦場で何十年も戦っており、お客様にもそう認知されています。あえて競合が得意な戦い方で戦う必要があるんでしょうか」
実直が再び口を開いた。
一呼吸置いて実直がゆっくり言った。

「友田社長、高橋課長。御社は、どこで誰と戦うおつもりですか？」

実直は友田と高橋を交互にじっと見た。自分の中で何百回と繰り返した問いだった。友田が腕を組み、なにやら考え込む顔をした。

「何言ってんの、サンデーさんのプレゼンだってコンセプトはうちと一緒でしょ」

阿多間がその表情に露骨にいらつきを見せ始めた。

「はい、でももう一度考え直してみたいんです。どちらが勝つかとかはすべて忘れて、今僕たちがフレンドコスメさんのためにできることを精一杯考えてみませんか？」

実直が続けると、高橋はうなずいた。その口は小さく「頑張れ」と言ったようだった。

「最初の質問に戻ります。『親しみやすさ』は弱みなんでしょうか？　そもそもそれを捨てて戦っていいのでしょうか？」

「ではどうするというのかな？」

高橋課長が優しく先を促した。

「私たちは、その親しみやすさこそを強みとして、フレンドコスメ社さんの最強の強みとして戦うべきだと思います！」

実直が高らかに宣言した。友田社長の顔つきが真剣になった。どういうことかな、と友田が静かに聞いた。

「親しみやすい、とは、お客様にとってみれば、自分により近い、自分のための化粧品、ということです。その解釈には問題ありませんよね?」

友田と高橋がうなずいた。

「だから親しみやすい高級品なんてありえないんだよ」

阿多間がいらつきながら言い放った。組んだ足が貧乏ゆすりを始めた。ガタ、と音がした。今度は理香が立ち上がった。

「そんなこと言っていいんですか? アナタ、無知をさらけ出してますわよ。コーチなんかは、高級バッグであると同時に、手の届く親しみやすいブランドとしても認知されてるじゃない」

理香が反撃に加わり、同期3人組が揃い踏みで阿多間と対峙した。

「ほう、そうだ」

友田社長、高橋がうなずいた。阿多間が渋い顔をした。間をおかず実直が続けた。

「差別化の戦略には、大きく3つあります。1つ目は手軽軸。安さ、便利さで勝負する戦略です。いわば吉野家戦略です。2つ目は商品軸。品質の良さで勝負する、高級フレンチレストラン戦略ですね。ほとんどの外資系高級化粧品メーカーは、商品軸で勝負していきます。そんなところにわざわざ飛び込んでいく必要はありませんし、その外資系メーカー同士も軸が同じですから、お互いに差別化できていません」

そうか、そういう見方もあるか、と友田も高橋も納得した。

「3つ目が密着軸です。お客様の好みを知り、好みに合わせた親しみやすさ、密着感で勝負します。いわば『行きつけの定食屋の女将』戦略です。価格は激安でもなく、商品も超最高でなくとも、熱狂的な顧客の支持を得て生き残っている会社が多くあります」

「行きつけの定食屋の女将」の戦略か……その表現は、友田のハラにすとんと落ちた。商品力だけで外資系各社と真っ向勝負できるか、口には出さなかったが、不安材料だった。

「今、この密着軸で勝負している高級ブランドは少なく、チャンスです。これに気付いたのは、御社の調査結果でした。価格が安いわけでも、商品力が圧倒的に高いわけでもないのですが、お客様の強い支持を受けている……これはなぜだろう、と思ったのです」

「ごたくはいい。そんなコマーシャルできるんですか⁉」

「見せ方次第よ、阿多間さん。**お客様は論理だけで動くんじゃないのよ**」

理香が応じた。敵にすると最高にイヤなヤツだが、味方にすると頼もしい。

「なんだとぉ？　口ばっかり達者なやつらが……」

阿多間が興奮しながら立ち上がった。

「あんたに言われたくないわよ」

すかさず理香が言い返す。

口撃対処班の理香、思考・主張班の実直、場のフォロー班の智子、と絶妙なチーム構成になっている。直接意見をぶつけ合う両社を友田はとがめるどころか、興味深そうに見ている。ディベートをさせたいとは、このような効果を狙ったのだろうか。

「そこまで言うならＣＭを見せてみろよ」

阿多間が、実直に向き直って落ち着き払って言うと、実直が智子と理香に目配せした。

「高橋課長、３分だけ準備する時間をいただけますか？」

「かまわん。続けてくれたまえ」

高橋が口を開く前に友田が応じた。三出社長はすがるような目で実直を見ていた。阿多間と実直はにらみ合っていたが、「お手並み拝見」と言わんばかりに、阿多間が余裕の表情でどすんと席に座った。

「今できることを精一杯やれ！」

再び声が聞こえた気がした。そうだ。ここは大事だ。集中しろ！

「ホワイトボードをお借りします」

戦略で考えるべきこと	戦略BASiCS
どこで、誰と戦うのか？	戦場・競合 Battlefield
自分らしさとは何か？	独自資源 Asset
自分にしかできないことは何か？	強み・差別化 Strength
誰と共にいたいのか？	顧客 Customer
自分は誰だと宣言するのか？	メッセージ Selling message

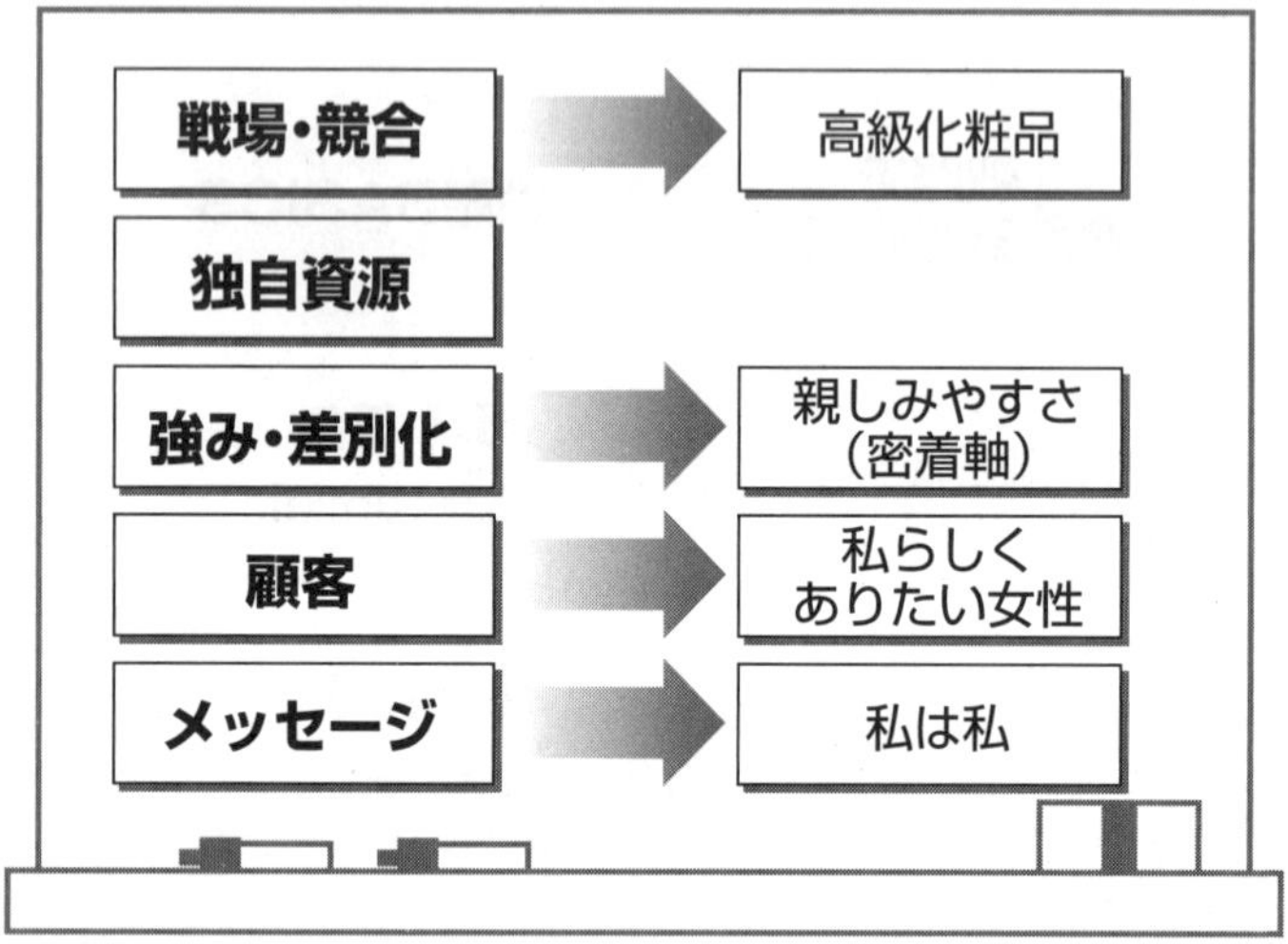

そう言って、実直はホワイトボードに書き込み始めた。

もう何百回これを書いたであろうか。すでに実直の頭の中には、まるでＢＡＳｉＣＳのソフトがインストールされているかのように、このチャートが自動的に浮かぶようになっていた。

会議室には実直がホワイトボードに書き込むキュキュ、という音だけが響いている。

続けて書いたところで、ドアががちゃりと開いて智子と理香が入ってきた。智子は黒のワンピースのロングスカート。見たところ、何も変わっていない。理香が口を開いた。

「お待たせしました。訳あって動画は用意していませんが、私たちが実演します」

「ほう」

友田が組んでいた腕をほどいて、テーブルに肘を突いた。

「ここはデパートの化粧品カウンターで、私がカウンターにいる店員、こちらの鳥野がお客様、という設定です。30秒バージョンです。では、始めます」

理香が開いていたノートパソコンをクリックすると、小さいボリュームで音楽が流れ始めた。ビリー・ジョエルの「素顔のままで」(Just the Way You Are) だ。

「お客様、こちらが最高の素材を惜しげもなく使った、今流行の……」

作り笑いを浮かべた店員を演じる理香が、お客様を演じる智子に話しかける。

智子が演技を始めるかのように、前へ出ると、語りかけるかのように話し始めた。智子のいる場所にスポットライトが当たっているかのように智子が浮き立った。

「最高の素材？　今流行の？　違う……他人の好みを私に押しつけないで……」

智子が悩ましげに軽く首を振る。

「これ、私に合うの？　私らしいの……？」鏡を見た仕草のあと、陰鬱な表情でうつむく智子。

「私は誰？　私らしさって何？」悩める子供のように天を仰ぐ。

「キレイな他人を真似すること？　外国人みたいになること？」再びうつむく。

「違う！」

智子が正面の友田と高橋を向き直し、はっきりと言った。不安そうに迷っていた智子の顔つきが確信に満ち、目に力がこもった。

「私は、私」自信に満ちた声が部屋中に響き渡った。

理香が智子の服を止めていたテープを剥がした。ぴっと小さい音がした。

はらりと智子の黒いロングスカートが床に落ち、その下から鮮やかな菜の花のような黄色のワンピースが表れた。衣装の早変わりだ。

いつのまにか、アップにまとめていた智子の黒髪は肩にかかり、眼鏡はとられていた。

「私は私でいたい！　私のこと、知って欲しい」

静かで、強い叫び。華やかで、主張のある強い黄色の服に彩られた智子が、別人のように美しく輝いて見えた。

理香が受ける。

「あなたのこと、もっと、知りたい。あなたと、もっとフレンドリーに」

ＢＧＭのボリュームが突如上がり、サビのフレーズがタイミング良くかぶる。

「あなただけのために。フレンドコスメ」

「わああ！」

一呼吸のあと、フレンドコスメ社のほうから黄色い歓声が上がった。女性３人全員が立ち上がって拍手している。その興奮度はギガ広告社のときの数倍か数十倍か。

「すっごくいい、これ‼」

「もうこのままでいいよー！　モデルもこの人がいいよ！　すっごいキレイ！」

「あのメッセージ、えぐられた、っていうか、突き刺さった感じがしたよね⁉」

「あの、黒から黄色の服へのコントラスト、すごいよ！」


うん、そう、とうなずきながらはしゃぐ様子を見ていた友田と高橋が顔を見合わせて強くうなずいた。その表情は確信に満ちていた。天啓に打たれたかのようにサンデー広告社の田中ディレクターが立ち上がって拍手を始めた。

あわててサンデー広告社の全員が続くと、フレンドコスメ社の社長と課長も立ち上がって拍手をしていた。阿多間を初めとするギガ広告社は苦虫をかみつぶしたような顔でその光景を悔しそうに見つめている。

友田社長が拍手の手を止めて言った。


「いや、素晴らしい。まるでサナギから美しい蝶に変身するかのようだった。本当にあなたにモデルをやっていただきたいくらいだ」

「これを金髪の外国人モデルがやると、嘘くさくなります。外国人が日本人に『私は私』

と言っても説得力がないんです。これは、黒髪で長髪の日本人、鳥野だからこそ説得力があるんです。これが、フレンドコスメさんならではの高級化粧品かと思います」

理香が誇らしげに答えると、そうだな、と友田はうなずいた。智子が続けて補足する。

「製品が決まっていませんので、具体的な製品に落とし込んでいません。あくまでもコンセプトとお考えください。ただ、これならスキンケア製品にもメイク製品にも、共通して使える『メッセージ』かと思います」

「うん、今の段階ではこれで十分だよ。具体化は製品開発次第だ。しかし素晴らしい演技だった。鳥野さんと言ったか、君は何かやっていたのかね?」

友田が尋ねた。

「え、ええ。昔、ちょっと演劇を遊びでやっておりまして」

「やっぱり経験者か。まさに自分の強みを活かしたプレゼンだったというわけだ」

「ところで、本当の君はどっちかね。最初の黒い服の君と、今の黄色のかわいらしい君」

ちょっと迷って智子がはっきりと答えた。

「はい、こちらです。ある人が、黒いスーツの私より、こちらのほうが私らしい、って言ってくれて……それがすごくうれしくて……」

智子が実直をちらと見た。２人の温かい視線が空中で交差する。

「そうか……女性が一番美しいのは、他人に化けているときではなく、自分らしくあるとき。内面からの美しさ、自分が自分でいられる自信、か……」

友田が感慨深げに言った。

高橋は気が付いた。あのとき渡した顧客調査の資料をしっかりと活かしている。私からのメッセージを受け止めてくれている、と。サンデー広告社自身も彼らの言う「密着軸」戦略を忠実に実行しているんだ、と。

「ＢＧＭも、今回使ったBilly Joelの『Just the Way You Are』がいいかと……私たちくらいの女性もこの曲なら聞いたことはあると思います」

「なるほどね……『素顔のままで』、飾らない君が好き、という歌か……このテーマにもぴったりだな」

高橋がにっこりうなずいた。

そのとき、がたんと椅子が動く大きな音がした。

「ちょっと待て。今度はこっちに異議がある！」

阿多間が立ち上がっていた。会議室中の視線が阿多間に集中した。

Selling message（メッセージ）の理論解説は、266ページにあります。合わせてご参照ください。

自分BASiCS

経験者の声

Sさん（30代女性）
不動産会社　プロジェクトリーダー

ＢＡＳｉＣＳを教わってから、強みと独自資源の違いが、「そうなんだ」ってわかった瞬間があったんです。お腹に落ちる瞬間があったんですよ。

自分の強みは、不動産マーケティングだと思っていましたが、そうではなく、「やり通すこと」「根性」なんだ、とわかった瞬間に、私はどこでもやっていける、という自信ができました。

「私は約束を守ります」「私ならプロジェクトを絶対進められます」と言うのが、私の上司に対するメッセージです。仕事を進めるには、他人の協力を得ないといけなくて、協力してくれない人もたまにいます。でもそんな人に対しても、「約束を守るのが自分の仕事だ」と思ったので、「いつまでにやってください。できないんであれば、いつまでに何ができるのか言ってください」と強く言えるようになりました。「これが私なんだな」という感覚が自分の中にできたんです。

Chapter 6

戦略BASiCS

使命

お前の使命は何か？

勝負のとき

「私らしくありたい女性ってそこに書いてあるけど、それは一体誰なのか、定義してください！　そんな看板をかけて歩いてる女性はいない。机上の空論だ！」

サンデー広告社に傾いた流れを引き戻すべく、阿多間が正論をぶつけてきた。和やかだった場が一瞬で凍りついた。会議室はしんと静まりかえった。実直に緊張が走った。

「で、では、考えていきましょう」

実直は、緊張しながらも、まずは無難に受けた。

「御社は誰と共にいたいですか？　誰を応援したいですか？」

実直が友田の目を見ながらゆっくりと問いかけ、間をおいた。本質的な質問を投げかけ、考えさせるボロのお得意の手法だ。まずは場の制空権を取り戻した。

「お客様は、ギガ広告さんが、『30代女性』と表現したような無機質な存在ではないと私たちは思っています。毎日頑張って生きている心の通った方たちです。ですから、私らしくありたい女性、という表現をしました」

実直が考えに考え抜いたことを愚直に表現していく。

「だからそれは誰だ、って聞いてんですよ！」

これもわざとやっているのか、いらだって言う阿多間に智子が返答する。

「ターゲットは、私たち、キャリアウーマンです。外国人モデルのような遠い存在ではありません。ギガ広告さん的に言えば、30歳プラスマイナス5歳の有職女性。ですが、あえてそのような表現はしていません。それより、『どんな人？』というほうが重要です」

「私たちは、自分のしたいこともさせてもらえない抑圧された職場で、いかに自分らしくいられるか、毎日悩んでいるんです」

理香が智子に続けながら上司の田中を軽くにらむと、田中が苦笑した。高橋も思わず部下の女性スタッフを見ると、そうですそうです、とささやかれ、苦笑した。高橋と田中がお互い大変ですね、とばかりに思わず顔を見合わせた。管理職同士が共感した瞬間だ。

「自分らしくありたい。これは、頑張っているキャリアウーマンほど抱えている悩みです。そんな気持ちは、少々自信過剰な阿多間さんにはわからないかもしれませんけど」

いちいち理香が一言多く付け加える。

「そのようなキャリアウーマンが、高級化粧品の重要なユーザーでしょう。毎日人前に出ますし、働いていますから、収入にも若干余裕があります」

智子が理香を受けて続けた。

「女性は、肌の変化に敏感です。肌は『私』の中がそのまま出てくる、内面の鏡のような感覚です。ストレス、睡眠不足……それは肌荒れ、吹き出物なんかに直結します。キャリアウーマンは、毎日そんな悩みとも戦っています。御社はそんな人を『応援』したいのではありませんか？」

智子が実直の質問の答えを出し、最後に実直がまとめた。

「だから、『私は私』というメッセージは、内面の鏡である肌のCMとして、このターゲットにぴったり合うんです」

そうだな、と高橋もうなずいた。派手な演出だが3人の主張に一貫性があり、考え抜かれた論理展開だ。「私らしくありたい女性」という顧客の心理的プロフィール、若いキャリアウーマンという人口動態的プロフィール、その内的な悩み、さらには「肌のケア」という商品特性に結びつけたメッセージまで一気通貫で見事に表現してみせた。世界最強の広告代理店と言われるギガ広告社のエースを向こうに回して、一歩も引かない3人組を友田も高橋も、そしてサンデー広告社の三出、鈴木、田中も頼もしく思った。

実直はさらにホワイトボードに書き加えた。

「戦略を考えるには、5つの要素が重要です。戦略ＢＡＳｉＣＳという考え方です」

戦略ＢＡＳｉＣＳの5つの要素について実直が簡潔に説明した後、実直が続けた。

「このチャートをタテに見てください。ギガ広告さんの戦略は、忠実に外資系高級化粧品メーカーの戦略をコピーしたものです」

ギガ広告社のBASiCS

	競合の外資系メーカー	フレンドコスメ社（ギガ広告社案）
戦場・競合	高級化粧品戦場	
独自資源	・高級品メーカーとしての歴史・認知 ・欧米にある工場	・日本人の肌を知る ・日本にある工場
強み・差別化	高級感	高級感
顧客	高級感を求める女性	高級感を求める女性
メッセージ	高級感	高級感、外国人モデル
差別化軸	商品軸	商品軸

一貫性の欠落

強みが活かされない、勝てない戦い方

「高級感を訴求する外資系メーカーに対し、同じように高級感を訴求しても、差別化はできません。しかも、日本人の肌を知り、日本に工場があるという強みが活きず、弱みにすらなります。さらに、モデルが外国人ではタテの一貫性に欠けます。そもそも、外国人モデルでは外資系メーカーとまったく差別化できません。**戦略において重要なことはこのタテの一貫性と、ヨコの競合との差別化**です」

友田と高橋は興味深そうに聞いている。阿多間も真剣に耳を傾ける。反撃するためには、まずは理解しようということか、その姿は敵ながら賞賛に値する。

「同じ高級化粧品に進出するにあたっても、強みを活かす方法で戦うべきです。これなら、競合と十分に差別化できます」

実直がホワイトボードに書き続けた、サンデー広告の戦略ＢＡＳｉＣＳを手で指した。

サンデー広告社のBASiCS

	競合の外資系メーカー	フレンドコスメ社 **（サンデー広社告案）**
戦場・競合	高級化粧品戦場	
独自資源	・高級品メーカーとしての歴史・認知 ・欧米にある工場	・日本人の肌を知る ・日本にある工場
強み・差別化	高級感	私のための化粧品
顧客	高級感を求める女性	私らしくありたい女性
メッセージ	高級感	私は私
差別化軸	商品軸	商品軸

一貫性

強みを活かして差別化

「そうか、ギガ広告さんが同じ商品軸での勝負を提案したのに対して、君たちは軸を変えるべきだと言うんだな」

友田がなるほど、という顔をして言った。

「確かに、その密着軸を明確に打ち出している高級化粧品メーカーは今のところ少ない……これは盲点だな。どうしても価格か品質に目が行きがちだからな……」

「高級バッグ戦場でのコーチのように、比較の問題です。高級化粧品戦場に必要な高級感は、いります。コーチのお店は高級感はありますが、高級ブランド店にいる白い手袋のドアマンはいませんし、ドアも開け放しです。それが高級な中での親しみやすさ、です」

「それは面白いたとえだな……白い手袋のドアマンか。君はよく見てるね」

友田が感心したように言うと、実直は友田を見つめながら続けた。

「競合の高級店との比較において、必ずしも『より高級』である必要はありません。それより、『自分に合った高級化粧品』というほうが、御社の強みが活きます。お客様にも、『フレンドコスメらしい高級化粧品』として違和感がないと思います」

その答えに観念したかのように、阿多間が質問を変えた。

「TVはいいけど、ポスターとかの紙媒体はどうすんだ。媒体はTVだけじゃない。そんなの紙で表現できないだろ」

阿多間がキレたのか、挑発か、ぞんざいな口調になっていく。

「それは良い質問ですね、さすが阿多間さん」

理香が挑発し返すかのように応じる。

「このようにポスターを並べれば、変身するシーンを表現できます」

理香が4枚のポスターを取り出して横に並べた。智子が黒いスーツから黄色のワンピースへと4枚のアニメーションのように表現されている。理香が得意げに解説を続ける。

「駅貼りでも、このように連続して貼れば、歩いている方には変身しているかのように見えます。阿多間さん、何なら今やってみますか？」

「または、見る角度によって絵が変わる、レンチキュラーという手法もあります。絵が動く、あれです。それなら、このような変身をうまく表現することができます」

智子が高橋を見ながら補足すると、高橋はそんなお願いをしていたことを思い出した。彼らは、自分が言ったことを実に良く聞いてくれている。高橋は、かゆい所に手が届く密着感を感じていた。これが彼らの言う「密着軸」なのか……。


今度は実直が続ける。

「どんな媒体にどんなメッセージを載せるか、という相性も大事です。重要なのは、一貫性です。製品とCM、TVCMと店頭ツール、媒体とメッセージ、の一貫性ですよね」

高橋が大きくうなずいた。

「ギガ広告さんにうかがいます。TVCMを作られた方と、ポスターを作られた方は別の方なのではありませんか?」

実直がゆっくりと質問すると、沈黙がその場を支配した。「違う」と反論できなかったこと自体が、「そうだ」という返答であることを誰もが理解した。

「強みは弱み。弱みは強み」

実直がゆっくりと言った。

「**大きいことは強みですが、弱みでもあります。**スタッフの人数が多いほど、連携が取りづらくなりますよね」

実直はギガ広告社のスタッフをぐるりと見回した。

「私たちは小さい会社ですが、小さいなりに良いこともあります。このような一貫性が取りやすいのです。これを作ったメインのスタッフは、ここにいる2人の女性クリエイターです。先ほどの戦略ＢＡＳｉＣＳで言えば、この２人が我が社が誇る独自資源です」

「強みは弱み、弱みは強み……」

友田がなるほど、という顔でうなった。

阿多間がなおも食い下がる。トップスクールＭＢＡホルダーのこの男も並ではない。

「話を戻す。あんた今、製品とＣＭの一貫性っておっしゃった。製品が決まってない時点で一貫性も何もない。ＣＭを変えただけで差別化できるのかよ！」

阿多間が力強く叫び、不利な流れを断ち切った。全員が我に返った。阿多間がバン、と音を立てて机を叩き、堂々と言った。

「ギガ広告は、製品戦略まで考えた提案ができます。もう一度チャンスをください。来週にはこれよりはるかに良い提案ができます。我々はこれだけのスタッフがいますから、１週間で十分です。大きいことは強みです！」

阿多間は実直をちらと見ながら胸を張った。実直の言葉を逆手にとり、すかさず自社の強みを強みと再定義して再反撃する、阿多間の力量はさすがギガ広告社のエースだ。

「そうしてくれるというなら、それが当社には一番いい。そのためにこうやって両社に集まっていただいたわけだしな」

友田社長が応じると、頼もしそうに阿多間を見た。そうだそうだ、とギガ広告社から声が上がった。阿多間も誇らしげにうなずいた。

場の雰囲気が一変した。流れがギガ広告社へと移っていくのが、目に見えるようだった。今度は、三出、鈴木、田中のサンデー広告社のメンバーが悔しそうに顔を見合わせた。こちらは手の内をさらけ出してしまった。その後の総力戦になれば、規模に勝るギガ広告社には太刀打ちできないことは、自分たちが一番よくわかっている。三出、鈴木、田中の3人はすがるかのように実直を見た。

勝利の瞬間

実直は再び気圧された。ここが勝負所だ、と思った。智子も実直を見た。

「ここ大事だぞ、集中！」頭の中で、再び高校時代の実直の強い目が実直を見つめた。右の拳をラケットの形に握りしめた。一回深呼吸し、実直は智子に大丈夫、とばかり力強くうなずいた。

「素晴らしいポイントです。そう、メッセージだけでの差別化は短期的にはともかく、長期的にはムリです。だから製品とＣＭの一貫性と言ったんです」

「じゃあどうするんだよ」


実直の自信に満ちた返答に、阿多間は意外そうに応じた。高橋が自分の時計を指さし、友田社長に時間は大丈夫ですか、という仕草をした。友田はうなずきながら実直たちを指さし、「こちらのほうが大事だ」という仕草で応えた。

「長期的には、製品も密着軸戦略、つまり、自分の肌や好みに合わせて、カスタマイズできるような商品を考えるべきです」

実直が自信を持って答えると、友田が興味深そうに「どういうことだ?」と聞く。その質問に、智子が答えた。

「今の化粧品の売り方には、失礼ですが、流行や技術の押しつけに近い部分もあります。私の肌も、私の好みも、他の人とは違います。私の肌を診断して、私の好みを聞いて、それに合った商品の組み合わせを準備するんです。それが、私は私、を本当の意味で実現する、フレンドコスメ社さんらしい化粧品だと思います」

3人の間でなぜこんなに流れるようにプレゼンが続くのか。流れを取り戻したと思った阿多間は、再び流れが相手に戻るのを感じ、恐怖を感じ始めた。

「そんなこと、できるわけない！」

思わず阿多間は言ってしまった。

「君、我が社の技術陣に対して失礼だな……」

「い、いえ、友田社長、そういう意味では……」

「やり方次第ではできる。工場を買ってもいい。続けてくれ」

「はい、問題は組み合わせです。お客様の肌のタイプは、基本的には肌の油分と水分で決まります。油分の多い『オイリー肌』、水分の少ない『乾燥肌』『超ドライ肌』など、5〜6通りですね。これを店頭で計測することはそれほど難しくないでしょう」

智子がいつものペースで淡々と続ける。フレンドコスメ社のスタッフは一斉にうなずいた。

「次に、肌の悩みがあります。御社からいただいた資料にもありますが、悩みは部位別に10通りくらいでしょうか。頬のくすみ、かさつき、シミ、おでこのでき物、鼻の毛穴、ほうれい線（鼻から口角への線）の目立ち、あごのにきび、などですね」

智子が自分の顔を指さしたりつまんだりしながら説明した。

「これで、6通りの肌質と10通りの悩みです。6×10で60通りですが、その多くは、対策は共通化できるはずです。それぞれにあったスキンケアやポイントケアの組み合わせは、それほどすごい数にはならないと思います」

友田と高橋は少し考えていたが、できないこともないか、という顔で小さくうなずいた。

「お客様が求めているのは、例えば『ワタシのこのあごのこのニキビが治るのか』という個別の悩みです。『この、ワ、タ、シ、の悩み』について知りたいのです」

フレンドコスメ社の女性スタッフが大きくうなずくのを確認して、智子が続ける。

「私たち女性は、自分の肌の細かい変化を理解したとき、自分がわかってうれしいものです。お客様の肌で、生理前にここにニキビができるのは……と、きっちり解説されれば、それは本当に自分をわかってくれる、というメッセージになります。だから、『もっと私を知ってほしい』というメッセージにしたのです」

智子が女性心理を的確に解説し、ＴＶＣＭのメッセージへと見事に連動させると、実直が受けて続ける。

「しかし、その『ワ、タ、シの悩み』は、共通化・体系化できるはずです。いわゆる『マスカスタマイゼーション』、個別のニーズに応えつつ、その対策は共通化・効率化する、製造業でも広まりつつある手法です。密着軸で勝負するメーカーに最適です」

実直が女性心理をビジネスモデルへと転換した。ほう、と友田がうなった。

「それがホントにできるんなら、競合他社にもできるだろ」

阿多間がぶっきらぼうに突っ込んだ。

「はい、ニューヨークなどでは自分好みの色が作れる口紅が人気です。典型的な密着軸戦略ですね」

攻める実直に守る智子。孤軍奮闘のエリートに対し、2人が息を合わせて論陣を張り続ける。ほら、他社にもできるじゃねーか、という阿多間に智子が冷静に応え続ける。

「御社は国内に工場がありますよね？　工場が海外にある多くの外資系メーカーより、日本の気候や日本人の肌、好みの変化に素早く柔軟に対応できると思います。外国の化粧品は外国人に合わせて若干強めだとか、原料臭がする、という声もたまに耳にします」

友田社長の顔が驚きに転じた。

「そうか！　それが当社の強みか！　海外で作っている会社にはこれはできない！」

「例えば、工場がフランスにあれば、高級イメージに結びつきますし、逆に日本にあれば、それだけで親しみがわきますよね。だから、同じ戦い方をしてはいけないんです」

実直が話しながらホワイトボードに書き加えた。

「日本にある工場、という『独自資源』が、カスタマイズ商品という『強み』、そして『私は私』という『メッセージ』を支えるんです。これが、外資系メーカーという『競合』にはマネしにくい戦略です！」

実直が独自資源、強み、メッセージ、競合、と順に指さした。

「じゃあ店にそんな多種類の製品在庫を持たせるのかよ！　店舗スペースだって在庫金利だってすさまじいぞ。机上の空論だ！」

阿多間がキレつつも的確に問題点を指摘する。

「ホントアタマ固いのね……アタマカタオ君ってお名前に変えたらいかがですか？」

「何だよオマエ！　じゃあどうするっていうんだ！」

「店には、超小型サイズのものを置けばいいのよ。1／10〜1／20くらいのミニボトルですね。化粧品のボトルには、乳液なら乳液らしい形、というものがあるので、それをそのまま小型化しましょう」

理香が、いつの間にか取り出した、100円ショップに売っている4~5㎝くらいの小さなボトルを友田と高橋に掲げて見せながら続けた。

「今回のテーマであるスキンケア商品には、自分の肌に合うか、という不安が常につきまといます。だからこそ店で肌診断をしますが、それでも不安は消えません」

そうだ、それが問題だ、と高橋がうなずいたのを確認し、智子が理香の後を続ける。

「そこで、そのミニボトルで約1週間分を有料で配布するのです。無料だと無料欲しさの方が集中しますから、有料です。価格は原価次第ですが、これで儲ける必要はありません。1週間分の商品一式、数百円~千円くらいでしょうか。このサイズなら、多種類置いても、在庫スペースは取らないはずです」

「それでそれで?」

友田が身を乗り出した。

「実際に1週間使っていただき、あとは通販でご注文いただきます。店には代表的な商品だけを置き、診断と1週間キットの販売に集中します。これは、**本当にあなたに合ったものを渡したい、というお客様への強い『メッセージ』**です」

智子が「メッセージ」という言葉に力を込めた。それを受けて実直が補足する。

「御社には、ネットや電話での通販の仕組みはすでにありますよね? 通販がドラッグストアさんなどの既存チャネルと競合するとのことですので、通販では既存商品を取り扱わず、こちらのカスタマイズ商品に集中すれば……」

「そうか、この新商品はドラッグストアでは売らないから、既存チャネルと競合しない！店は診断、販売は通販か……これはいい」

友田が大きくうなずいた。

「絵空事もいい加減にしろ！　そんな面倒なこと、店頭でできるか！」

「アンタさっき言ったじゃない。**競合にもできるようなことじゃ差別化できない**って」

「ぐ……それは……」

阿多間が理香の的確な反撃に思わず詰まった。口ゲンカでの理香の鋭さは世界レベルか。

「阿多間さんのおっしゃる通り、この戦略は、店頭のＢＡさん（ビューティアドバイザー、カウンターの美容部員）の対応力で決まります。密着軸は『人』勝負ですからね」

実直が言いながら、再びホワイトボードを軽く叩いた。

「なので早く始めた会社が有利なんです。人の育成や、診断データの蓄積、など、先行者利益があるんです。データが蓄積し、お客様の利用結果が製品の効果とつながれば、それ自体貴重な『独自資源』になり、さらに製品開発に活かして『強み・差別化』とすれば、**独自資源と強みが強固に支え合う関係**ができるんです！」

実直がホワイトボードの戦略ＢＡＳｉＣＳの「独自資源」と「強み」を順々に指さした。

「でも毎回毎回サンプルに金なんか払うわけねーだろ！」

阿多間が矛先を変えた。この男もよくも問題点を的確に突いてくる。

「だからアタマカタオ君なのよ。スキンケアのお泊まりセットだって１泊分が３００円で売れるのに。コンビニの棚くらい見なさいよ」

口撃対処班の理香が応じ、反論を続ける。

「正規商品には、クーポン券を同封するのよ。ポイント式のクーポン券で、１万円程度お買い上げになれば、１回分の診断と１週間分のサンプルが無料になるようにすればいいのです。**リピートを大事にする、密着軸らしい販促**ですわ」

理香が誇らしげに阿多間を見た。友田と高橋が感嘆してうなった。ここまで戦略的に一貫し、かつ実戦的な提案は、コンサルティング会社からすら受けたことがなかった。智子が友田をじっと見ながら、確信に満ちた声で締めた。

「店舗は診断、買うのは通販、という役割分担は『自分に合った良いものを末永く』という密着軸には最適です。この考え方を本当の意味で実践している会社は少ないです。欲張りさえしなければ、御社は本当にこれが実践できるのです」

実直がホワイトボードの「顧客」に指先で触れながら続けて補足する。

「さらに、ターゲットのキャリアウーマンは忙しい方たちですよね。だから来店しなくても買えるように、通販なんです。ターゲットとの一貫性もあるんです」

高橋は、「美しい」と思った。プレゼンに対してそんな感想を持ったことは初めてだ。5つの戦略要素が次々に連鎖し、立体パズルのごとくカチリカチリと1つのカタチに美しくはまっていく。通販が不調だからではなく、ターゲットを考えて「通販」と言ったのか……3人で作ったのか、凄腕のアドバイザーがいるのか……そんなアドバイザーがいるなら、我が社にもコンサルティングして欲しいものだ、と真剣に思った。感嘆する高橋を見ながら、実直が続ける。

「同時にこれは外資系メーカーの弱みも突いています。すでに店舗に投資した競合には、投資がムダになるのでこれはできません。最初に阿多間さんは、チャネルがないことは弱みだ、と分析されましたが違います。今チャネルがないことは弱みじゃなく、強みなんです！」

友田の顔がみるみると驚きに転じるなか、実直が続ける。

「先ほどの美容部員さんも同じで、経験者に新しい手法を押しつけるより、未経験者にゼロから教えたほうが、素直に受け入れられます。**新しいことをやる場合には、持っていないことは、負の遺産がないという、強みになる**んです！」

そう言って実直は、ホワイトボードの「独自資源」のところをコン、と叩いた。

「そうか……持っていない強み、か。私たちはライバル会社ばかりに気を取られて……」

感嘆している友田社長の目を力強く見据え、実直は、その手を戦場、独自資源、強み・差別化、顧客、メッセージと上下に往復させた。

「つまり、『私は私』という『メッセージ』のもとに、短期的な打ち手であるCMと、長期的な打ち手である商品開発の一貫性を取るのです。短期的には商品が間に合わなくとも、全体戦略が見えていれば、立地、店舗、商品もその方向で一貫性が取れますよね」

バン、と音がした。阿多間が悔しそうに机を叩いていた。敗色濃厚であることを自覚したのか、苦しそうに声を出した。

「く……本当にそれをデパートが受け入れるのか⁉　診断ばっかりじゃ売上がともなわない。デパートで売上が上がらなきゃ、デパートにメリットがないだろうが……」

「よくまあ問題点が思いつくわね、アナタ……イヤミでなく、本当に頭いいのね。確かにそうですが、通販の売上の一部を百貨店売上に計上する、などの方法を考えればいいですわ」

「さらに、販売をしない診断拠点を直営で持てばいいんです！　直営店で販売をしなければ、百貨店店舗との競合も少なく、反発を減らせるかもしれません。つまり、この戦略は直営拠点を自由に持て、御社の経営の自由度をも高めるんです！」

実直が最後にホワイトボードをバン、と叩くと、「すごい！」と友田が思わず叫んだ。

「クリエーターとして最後に付け加えさせてください。私のこの服の黄色は、御社のコーポレートカラーです。とっても美しい、日本人らしい、菜の花色の鮮やかな黄色です。御社の工場にも、本社の植え込みにもある、美しく、親しみやすい花です」

智子が誇らしげに自分の服をつまんだ。全員がはっとした。そこまで考えていたのか。高級感溢れるギガ広告社のCMやポスターに感じた違和感が、次々と解明されていく。ミステリー小説の種明かしみたい、とフレンドコスメ社の女性がつぶやいた。高橋もそうだな、とうなずいた。ギガ広告社の社員ですら首が思わずタテに動いた。3人の説明はすべて一貫し、戦略と戦術が見事なまでに連鎖する。その場の全員が、不思議なトリックが次々に解き明かされていくかのような爽快感を感じていた。

阿多間が悔しそうに唇を噛み、どさり、と椅子に座ると苦渋の顔でうつむいた。頭の良い阿多間だからこそ、自分たちにこれ以上の提案はできないことがわかった。この男がこんな顔をしたのを、ギガ広告社の人間でさえ見たことがなかった。

「この黄色は、主張と自信に満ちあふれた、美しい色です。お世辞ではなく、私も大好きな色で、この色の服も個人的に持っていました」

智子が満面の笑みを浮かべた。

テーブルをバンと叩いて、友田社長が勢い良く立ち上がった。

「そういうことか！　これは君たちから私たちへのメッセージなんだ！　**我が社は我が社らしくあれ**、と！　外資系のマネなんかするな、**我が社らしく戦え**、と！」

智子がにっこりと笑顔のままうなずき、一冊の本を取り出した。

「それは、我が社の社史だな……」

「はい。創業当時の、フレンドコスメ社さんの社名の由来を読ませてください」


私たちはお客様のことを好きでいたいし、お客様にも私たちのことを好きになっていただきたいのです。好きだからこそ、お客様のことを知りたいのです。輝いていていただきたいのです。すべての人は、内面に輝ける光を持っています。友人がさらに輝くお手伝いができたら……そんな思いをこめ「友好化粧品」を設立しました。


「私、この言葉、お世辞ではなく、本当に好きなんです」

実直はホワイトボードに書き加えていた。

フレンドコスメ社新BASiCS

	フレンドコスメ社（短期）	フレンドコスメ社（長期）
戦場・競合	**独占市場へ** 高級化粧品	自分に合う高級化粧品
独自資源	・日本人の肌を知る ・日本にある工場	同左＋先行者利益
強み・差別化	**進化** 私のための化粧品	一人一人の診断に基づくカスタマイズ商品
顧客	私らしくありたい女性	同左
メッセージ	私は私	同左
差別化軸	密着軸	同左

実直が、友田の目を見てゆっくりと心を込めて言った。

「私たちは、お客様の肌の美しさを知りつくし、お客様一人一人の好みとお肌に合った美しさを追求します。お客様の真の美しさを内面から引き出し、外面から引き立てます」

「CMの黒から黄色への変化は、内面の美しさを引き出す、という、この企業理念の象徴でもあります。まさに『密着軸』のためにあるかのような企業理念ではありませんか！」

実直がホワイトボードの「密着軸」という文字を大きく赤で囲んだ。最後のピースがはまった。5つの要素が一貫し、パズルが完成した、という強力なメッセージ。

とどめの一撃だった。友田社長の目にはうっすらと涙が浮かんでいた。

「そうか……答えは最初からそこにあった……私たちの中に。よく気付かせてくれた！」

友田が高橋とがっしり握手を交わした。高橋も満面の笑みを浮かべている。

「御社は、誰だと世の中に宣言するのでしょうか？」

実直からの最後の問いかけが投げかけられた。

「ギガ広告社のＣＭは素晴らしいですが、御社らしさを捨てて競合が強いところで勝負する戦略です。御社らしさとは？　御社にしかできないこととは？　そして、御社はどんなお客様と共にいたいのですか？　御社の強みを活かし、何よりも、御社の素晴らしい企業理念に忠実に、密着軸で戦ってはいかがでしょうか？」

実直が一呼吸置いて続けた。

「それができる企業はフレンドコスメ社さん以外にないのです！　それを世の中に、力強く宣言しましょう！」

それは、実直の力強い勝利宣言でもあった。

友田はうんうん、とうなずいた。その場を心地よい沈黙が覆い、しばらくの間誰もがその空気を楽しんでいるようだった。

「ギガ広告さん、ご異論はありますか？」

高橋がギガ広告社に問うと、ギガ広告社は完全に沈黙した。阿多間は悔しそうにうつむいたままだ。グループの代表らしき男性が首を横に振った。白旗を揚げた合図だった。

「両社さんとも、本日は誠にありがとうございました。ではそういうことで、サンデー広告社さんには残っていただき、今後の詳細を詰めていきましょう」

実直は、思わず右手を力強く握りしめ、小さくガッツポーズをした。頭の中には、勝って拳をつきあげている実直を仲間たちが手荒く祝福する、高校時代の光景が浮かんでいた。ふと我に返ると、実直を温かく見つめる智子、理香とゆっくりうなずき合った。

友田が高橋ににっこりと笑顔を向け、「やってよかったよ」とささやいた後で、ゆっくり歩き出し、三出社長、そして、実直ら3人に握手を求めてきた。

「素晴らしいプレゼンだった。冒険的な商品戦略だが、真剣に検討したい。少なくとも、今のプランは大幅に見直す必要がある。それだけでも、大きな価値があった、な？」

友田が高橋に同意を求めると、高橋も満足そうに大きくうなずいた。

「は、はい、ありがとうございます！」

実直はあわてて両手で友田の手を握り返した。

友田は声を潜めてささやくように言った。

「あのな、ギガ広告さんの分析はよくできていたが、実を言うとよくわからなかったんだよ。恥ずかしい話だが、図とかグラフが多くて私には難しすぎてな。君のあの整理の仕方は、シンプルでわかりやすかった。助かったよ」

「はい、阿多間さんのほうが僕たちより何倍も優秀です。正直、頭の良さではかないませんから、僕たちは『わかりやすさ』で差別化しようと思いました。1つの考え方に集中すれば、僕にもできますし、伝えやすいですから」

友田はにっこりとうなずき、さらに強い力で実直の手を握ると、実直も力を込めて握り返した。見つめ合う二人の目の間、強く握り合う手の間には、形容しがたい共感が流れているかのようだった。

覚醒

「ボロ、やったぞ！」

浮かれて部屋に帰ってきた実直は、ドアを開けるなり叫んだ。が、ベッドの定位置には誰もいない。狭い部屋だから、見間違えるはずはない。いない。ボロがいない。念のため戸締まりも確認したが、閉まっている。カギを締めた密室なのに一体どうやって……。

ベッドのボロの定位置に、１枚の紙が置いてある。それはメモだった。


「お前の使命は何か？」


美しい毛筆で書いてあった。

「こ、これどうやって書いたんだ？　……そ、それより、ボロ、ボロー……」

どこにもいない。戸棚にも隠れていない。念のため確認したが、冷蔵庫の中にもいない。

実直はばったりとベッドに倒れ込んだ。

「お別れくらい言わせてくれよ……。全部ボロのおかげだったんだからな……」

放心状態だった実直がふと立ち上がり、ボロボロになったボロノートを取り出した。

「お前の使命は何か?」と書かれた紙をていねいにノートに張りつけた。これがボロからの最後のレッスンだ。

「僕の使命……決めた! 軍師だ! 戦略プランナーになる! それで、ボロに習ったこの戦略BASiCSを、できるだけ多くの人に伝える!」

実直は、想いをボロノートに書き綴っていった。何度となく書き直した、自分自身の戦略BASiCS。


「お前はどこで、誰と戦っているのか?」

「お前は誰だ? お前らしさとは何だ?」

「お前にしかできないことは何か?」

「お前は誰と共にいたいのか?」

「お前は誰だと世の中に宣言するのか？」

ボロの言葉が次々と頭に浮かんでは消えた。自分の使命を、想いを書きつらねていくのは、ピラミッドの石がまるで最初からそこにあるべく削り出されたような、不思議な一体感を感じる作業だった。点が線に、線が面になり、さらに立体化し、自分がまるでそこにいるべくして存在することがわかる、至福感。

涙で濡れたボロノートを閉じて、実直はつぶやいた。

「ボロ、ありがとう。ボロのことは、一生忘れないよ」

＊

次の日曜日の朝。実直は久しぶりに爽やかな目覚め方をした。

今日は智ちゃんが初めてご飯を作りに来てくれる日だ……ちょっと片付けるか。

ボロがいなくなり、がらんとした部屋の中で、机の上を片付けた。

「今頃ボロは別の人にＢＡＳｉＣＳを教えているんだろうな。あいつは、天の遣いか……

そうか、出会ったときにボロボロだったのは、ボロじゃなくて僕だったんだ……」

携帯用ゲーム機が机の上に無造作におかれていた。

「そう言えば最近やってなかった……仕事のことばっかり考えてたし」

久しぶりに電源を入れてみると、バッテリーが切れており、電源が入らなかった。

「ゲームも良いが人生はもっとエキサイティングじゃぞ」

ボロの言葉が蘇った。


本当にそうだったな、とつぶやき、ゲーム機を押し入れにしまった。ゲーム機があったところには、演劇の帰りのレストランでのツーショット写真をフォトフレームに入れて飾った。初々しく笑う2人がそこにいた。写真に向かって実直は「智ちゃん、僕、頑張る。だからこれからもよろしくね」とささやいた。

ぴんぽーん

チャイムが鳴り、ドアを空けると、菜の花色のあの日のワンピースを着た智子が、駅前のスーパーで買った食材を抱えて満面の笑顔を浮かべていた。

「智ちゃん、いらっしゃい。待ってたよ」

「なおくん、ごめんね〜、遅くなって。お腹すいたでしょ。すぐ作るね。ボロちゃ〜ん、あれ、ボロちゃんは？」

実直が悲しそうな顔をした。

「…………いなくなっちゃった。プレゼンの日、帰って来たら、もういなかった」

「え……そうなんだ……そう……お礼に超高級キャットフードも買ってきたのに……」

智子もがっくり肩を落とした。

「カギかけてたから、出られるはずないんだけどね。不思議なヤツだよ……」


テーブルで智子の作ったご飯を食べながら、実直は智子にボロの最後の言葉を伝えた。

「お前の使命は何か？」

そう書かれたメモを見せた。もうボロがいないこの部屋で、今となっては実直をボロが導いてくれたことの唯一の証だ。

「私の使命、か……あのね、私ね、あのCMの練習、すっごく楽しかったの。徹夜でも全然眠くなかった。やっぱり私、演じることとかが、すごい好きなんだ、ってわかった」

「うん、すっごくキレイだったよ」

「ありがと……あのね、笑わないで聞いてくれる？」

ただごとではない口ぶりに、実直は黙ってうなずいた。

「私、大学の時に演劇やってたって言ったよね？」

実直がこくりとうなずいた。決心したかのように智子が話し始める。

「あのね、私……そのとき、いじめにあってたんだ」

「え⁉」

「あのときは、眼鏡もしてなかったし、髪型も肩まで下ろしてたの。ちょうど今みたいな感じね。それで……劇で良い役がもらえたんだけど、あいつは男に媚売って役を取った、ちょっと可愛いからって……って女の子たちに陰口叩かれて……」

こうしてると、智ちゃん、すごく可愛いから、そうとられてもおかしくないよな……そう思いながら、実直は次の言葉を待った。

「頑張って練習して、練習して、練習して、役をもらったのに……友達だと思ってた子たちに陰でそう言われてると知ったときは、悲しくて……すっごい悔しくて……」

智子の目は真っ赤になり、涙がたまっていた。

「それでね、それ以来、別に目は悪くないのに黒ぶちのダテ眼鏡かけて、地味な服装にして……なるべく冷たい口調にして……」

「それでいつも黒いスーツを……」

「いつのまにか、そんな演技にも慣れちゃって……でも、本当は、そんな自分がイヤだった。そんなの本当の私じゃないのに……」

　はっ、と実直は気づいた。

「だから、『黒のスーツは智ちゃんらしい』なんて言ったから……。本当にごめん……」

「ううん。どんどん前に進んで、変わっていくなおくんを見て、私も、って思った。自分らしくなろう、って思った。それで、ちょっと勇気を出して、演劇のときこの黄色の服を着て行ったら、なおくんがすごくキレイ、って言ってくれて、ホントうれしかった……」

「じゃあ、あのCMは……」

「うん、そう。実は、私へのメッセージなの。黒のスーツは、鎧で身を守る私。黄色のスーツは、本当の私。私は私、っていう、私へのメッセージなの……」

　あの迫真の演技にそんな背景が隠されているとは……だからこそあれだけ熱のこもった演技ができたのか。いや、演技ではなく、本気だったのか。だから想いが伝わったのか。

「だからね、これからは自分らしくいようって。私は私。もう隠す必要はない、って。それでね……なおくんへのメッセージでもあるの」

「ぼ、ぼく？」

「うん。私を私らしくいさせてくれてありがとう、って。冷たかった私、イヤなヤツだった私を、優しく受け止めてくれてありがとう、って………」

　しばらく沈黙が支配し、２人の思いが交差した。

「ね、これ、覚えてる？」

智子がバッグから1枚の紙片を取り出した。実家から智子にあてたハガキだった。

「わ……なんか懐かしい……」

やっぱり僕は僕であることがわかりました。僕は僕として、全力で頑張ることにしました。だから、鳥野さんは鳥野さんでいいんだと思います。

「何か、なおくんらしくって……女の子に上杉謙信の絵ハガキなんて……」

「ご、ごめん」

「ううん、そうじゃなくって……すっごく救われたの。これ、私が怒ったことへの答えだったんだよね……私は私でいいんだ、って書いてあって、すごく救われたの……」

「私らしい、ってどういうこと⁉　黒は私らしい色なの？」

智子の怒った声が懐かしく思い出される。このハガキを出してなかったら、智ちゃんとこうしてここにはいなかったもかもしれない……本当にあのとき、すぐに行動してよかった……昨日を変えたら、今日が変わった……実直はハガキを懐かしく見つめた。

「そういえばあの演劇、智ちゃんが演じたことがあるって言ってたね。もしかして……」

「うん、当たり。あの劇でいい役をもらって……それで陰口叩かれた劇なの」

「かえすがえすもごめん……でもすごい偶然……」

「あの劇ね、1人じゃ見られなかったと思う。なおくんが一緒に見てくれて……やっぱり、私、演劇好きなんだな、って、わかった。その気持ちを否定しちゃいけないって……私は私なんだ、って……」


そうか、だからあの劇を見て泣いていたのか……。

「だからね、私の使命は……」

実直が黙ってうなずいた。

「演じること、そして魅せること。私のコピーやコンテを他の誰かが演じてくれてもいいの。私のコピーとかで、少しでもみんなに喜んでもらえるなら……今の仕事を選んだ理由が、全身でわかった。だから、今の制作の仕事、もっともっと頑張れる、って思った。120%、頑張ろう、って思った」

「おぬしの過去の行動は、一見バラバラでもその底にある動機は一緒」

ボロが言っていたのはこういうことだったのか。

「お前は誰だ？　お前らしさとは何か？」

ボロの言葉が響いた。智子の頭の中にも響いているかもしれない。


「私が誰か、ってやっとわかった。これもなおくんのおかげ。あとボロちゃん……ごめんね、しめっぽくなっちゃって……」

「ううん、うれしかった。僕、智ちゃんのこともっと知りたい」

「それ、私が作った、あのＣＭのコピーじゃない」

ははは、ふふふ、と２人が笑った。

「ね、ね、なおくんの使命は？」

「うん、僕はね……うーんとね……えっと……やっぱり、内緒」

「え～、私、こんなに恥ずかしい告白したのに……」

「でもね、一つだけ決めてることがあるんだ」

実直が決心したかのように言った。

「その使命は、智ちゃんと一緒に果たしたい！　何年も、ひょっとして一生かかるかもしれないけど……」

智子の顔には驚きが表れたが、すぐに優しい表情が驚きを上書きしていった。智子は実直を温かい目でじっと見つめ、こくり、と恥ずかしそうにうなずいた。

「ね、このハガキ、もらっていい？　ちょっと恥ずかしいし……」

「ダ、メ。2人の記念に大事に大事にとってお、く、の」

「こういうちょっとしたことから始まった気がする。ハガキを書く、とか、社史を借りる、とか、ちょっとした勇気と行動で、明日が変わって、また次の日が変わって……」

「そうだね……今日を変えたら、明日が変わる……明日は、もっといい日だよね」

「いや、もっといい日にするんだ。**もし昨日がイヤな日だったら、今日を変えればいいんだよ。そうすれば、明日が変わるから**」

力強く言う実直を頼もしげに見つめ、智子はにっこりとうなずいた。

「うん、それならイヤな日が来ても、大丈夫ね。ボロちゃん、どうしてるかなぁ」

「きっとまた、あの日の僕みたいな人を助けてるよ。そんな気がする。僕はもう大丈夫。智ちゃんもいてくれるし」

「うん。戦略ＢＡＳｉＣＳ、みんなが使えるようになって、みんなの明日がもっと良くなるといいね」

智子を駅まで送った後の帰り道、白い毛並みの良い猫を抱く男性とすれ違った。あれ、ボロか……？

そうだ、外見からではわかりづらいが確かにボロだ。飼い主は、昔の自分と同じような生気のない目をしていた。実直はボロと目があった。

実直の口が「ボロ……」と動くと、ボロが実直にウィンクした。

男性とすれちがった瞬間、「本当にありがとう」とささやいた。ボロには聞こえただろうか。

「にゃあ」という鳴き声が後ろからした。頑張れ、と実直には聞こえた。

〈ストーリー編　完〉

「使命」の理論解説は、271ページにあります。合わせてご参照ください。

自分BASiCS

経験者の声

Oさん（30代）
技術士・エンジニア

自分のBASiCSを考えてみて、自分が掘り下げられた気がします。今までの仕事に携わりながら、それが好きなんだな、というのがわかりました。今まで十数年、なんでそういう仕事をやってきたのか、やっとわかりました。今やっていることが、根本的なもののなかで、好きなことをやっているんだな、ということです。これからも、きっと自分は、インフラ系というか、大きい設備で最先端の、お役に立てるものを作っていくんだろうな、と思っています。

理論編

お疲れ様でした！　もう戦略ＢＡＳｉＣＳについて、ストーリーでほとんど明らかにされたと思いますが、復習と総まとめの意味で、本書の中核理論である戦略ＢＡＳｉＣＳの理論をここからＢＡＳｉＣＳの順序通りに説明していきます。

ストーリー編も、戦場・競合、独自資源、強み・差別化、顧客、メッセージ、そして使命、という順番通りに書かれており、ここからの理論編と1対1で対応しています。ストーリー編と合わせてお読みになると、理解が深まると思います。

「戦場」どこで、誰と戦っているのか？

戦場が戦略を考える際の順番として、最初に来ています。「戦場」を選ぶことが戦略においては極めて重要だからです。戦略ＢＡＳｉＣＳでも、Ｂ（戦場）が最初に来ているのもそのためです。まずは、「戦いたい戦場」そして「勝てる戦場」で戦うことが重要です。ここでは、「戦場」について考えていきましょう。

1 どこで、誰と戦っているのか？

戦略ＢＡＳｉＣＳ、すなわち、戦略の5要素の最初に来ているのがＢ、Battlefield（戦場・競合）です。戦略を考える際に、最初に考えるべきなのが「自分はどこで誰と戦っているのか？　どこで誰と戦いたいのか？」という問いです。

◆「どこで」と「誰と」はセットで考える

「どこで」戦うか、が決まれば、連動して「誰と」戦うか、が決まります。
逆に、「誰と」戦うかが決まれば、「どこで」戦うかが決まります。つまり、「どこで」「誰と」戦うかは、ある意味同じことでもあります。

まず、会社の事業戦略を考えてみましょう。トヨタが「日本国内の自動車」戦場で戦っているのなら、競合は同業種の日産、ホンダなどになります。トヨタが「米国内の自動車」戦場で戦うなら、GM、フォードなどの米国メーカーが競合になるかもしれません。まずは同業種・同業態の会社が第一義的な「敵」になるでしょう。

同業種・同業態の相手だけが敵とは限りません。「駅前のテイクアウトの昼食」という戦場では、ファストフード各社、コンビニエンスストア、弁当屋などが戦っています。この場合は業種業態とは限らず、「駅前」という立地が戦場です。なぜかというと、「お客様がそう考えるから」です。お客様には業種業態は関係ありません。競争相手が誰かは、自分で定義することも必要ですが、判断するのはお客様なのです。
「価格帯」も戦場となりえます。例えばレクサスとヴィッツは、同じ「自動車」でも競合しないでしょう。吉野家と高級焼肉店は、同じ「牛肉」でも競合しません。どちらも価格帯が違うためにお客様がその2つを比べないからです。同じ選択肢に吉野家と高級焼肉店が入らないのです。吉野家は、例えば「お金を節約したいときの食事」戦場で、高級焼肉店は「ボーナスの後の贅沢な食事」戦場と、戦場が違うのです。

ポイントは、「どこで戦うか」を決めると「誰と戦うか」がほぼ連動する、つまり、**「どこで」と「誰と」をセットで考える**、ということです。

個人の場合は、「どこで戦いたいか」という「意思」が大きく作用します。例えば、実直がこのままサンデー広告社で営業として働き続けたいのならば、サンデー広告社の営業職が「戦場」となり、サンデー広告社内の歳の近い営業職の人たちが「競合」となります。

彼が他の広告代理店への営業職での転職を考えているのなら、同じような歳・給料の広告代理店の営業職の人たちが競合となり、かなり競合が広がります。もし私のようにマーケティングコンサルタントとしての独立を考えている場合は、戦場が一気に変わり、まさに私などのマーケティングコンサルタントと戦うことになります。ここでも、左の図のように「どこで戦うか」（戦場）と「誰と戦うか」（競合）は連動して決まることがわかります。

戦場を「自分がいる会社」とするなら、同期と出世競争をするでしょう。

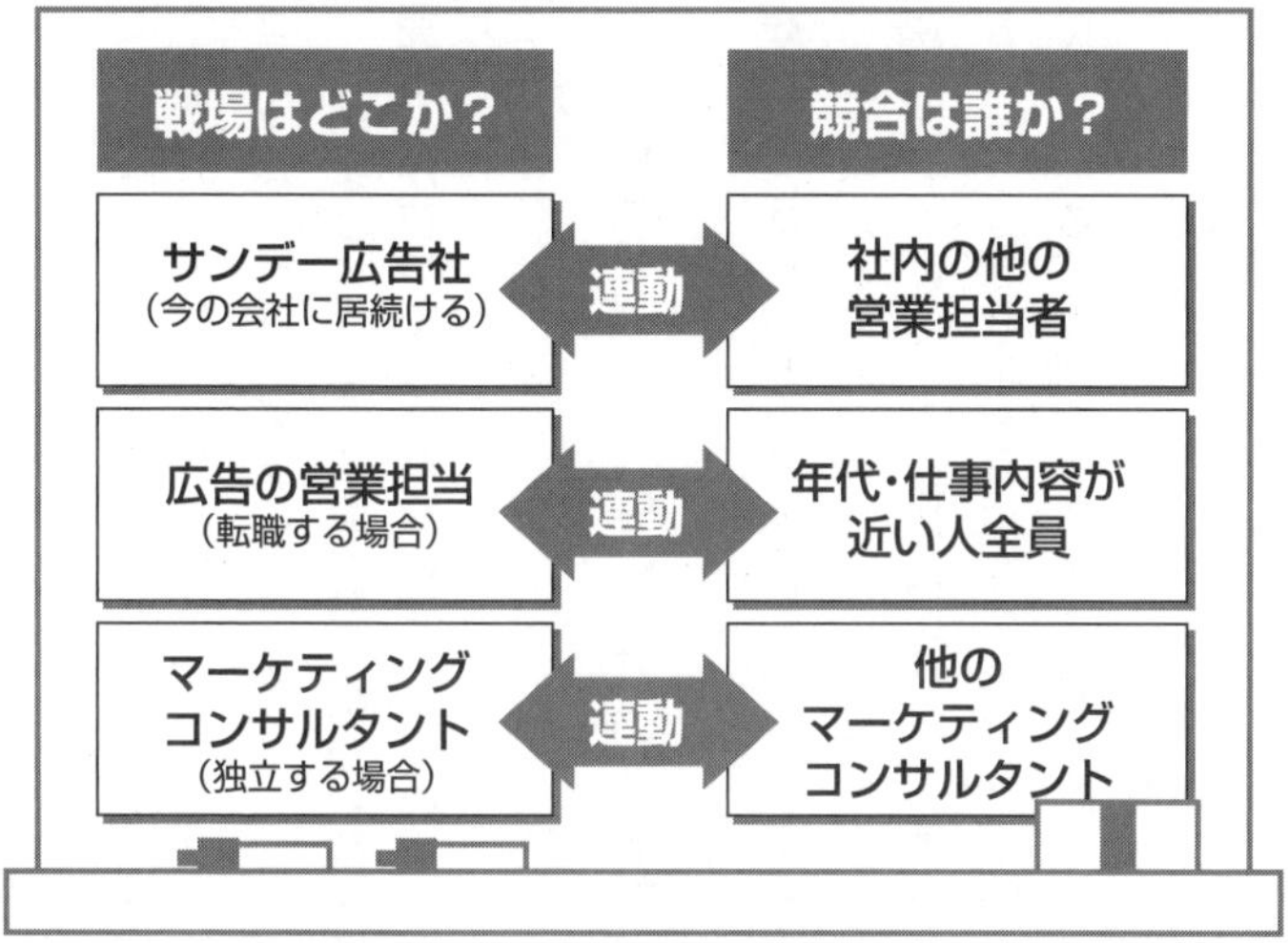

転職する前提で戦場を「業種」や「得意分野」で捉えれば、その分野の人たちと競争します。マーケティング分野の人は、マーケティングの職をめぐって社内・社外を問わず競合します。経理でも人事でも同じです。さらに、今の私のように、独立したコンサルタントとなると、同じようなことをしているコンサルタント全員が競合となります。このように、どの戦場で戦うか、戦いたいか、によって、競合相手も変わることがよくわかります。

◆どこで誰と戦うかによって、戦い方がまったく変わる

戦場をどこにするかにより、戦い方が変わります。今マクドナルドはカフェを強化していますが、そのときの「戦場」は「カ

フェ・ちょっとした休憩ニーズ」で、「競合」はドトールやスターバックスです。競合に、コーヒーの味で負けないように、マクドナルドはコーヒーの改善に注力しているのです。マクドナルドが「ビジネスパーソンの夕食」戦場で、居酒屋を競合とすると、今度はアルコール類の提供が必要になります。

このように、**どこで誰と戦うのか、競合は居酒屋なのかカフェなのかによって、商品展開などがまったく異なります**。戦場の定義が戦略において極めて重要であることがよくわかります。

2 戦場を選ぶ：どこで戦いたいか、どこで戦えるか

◆意思と能力：どこで戦いたいか、どこで戦えるか

では戦場をどのように選べばよいのでしょう？　まずは、どこで戦いたいか、という「意思」があります。私の会社、ストラテジー&タクティクス株式会社は私1人でやっており（2008年8月現在）、「会社」（法人格）と「個人」（佐藤義典）の両方の性格を持っている、今回のテーマに適した例ですので気恥ずかしいですが使っていきます。

ストラテジー&タクティクス社は、マーケティングコンサルティング戦場で戦っています。それは私がそうしたいから、でもあります。

次に考えるのは、どこで戦「え」るか、という「能力」の問題があります。これは、この後の独自資源と強み・差別化のところで深く考えていきますが、強みが活きるかどうか、です。当然強みが活きる戦場なら、戦いやすい、勝ちやすいですね。

個人の場合も同じです。私はマーケティングコンサルティング戦場で戦う「能力」はあっても、「芸能界」戦場で戦うノウハウもスキルもなく、戦う「能力」がありません。

ある戦場で戦うには、特定の「能力」が必要になります。例えば外資系の会社という戦場では、英語力という「能力」が必要になるかもしれません。

スポーツ選手や芸能人が飲食店を開くことはよくありますが、飲食店戦場で戦おうとすると、違う「能力」が必要になります。そこで戦える「能力」がなければ、身につけるか、あきらめるか、となります。

「独自資源」自分は誰か？　自分らしさとは何？

戦略BASiCSの2つ目の要素はAsset独自資源です。
戦場では「良い場所で戦う」ことの重要性を考えましたが、それだけではなく、自社に固有の資源がなければ、良い場所にいても勝てません。ここでは独自資源について考えていきましょう。

1　独自資源とは

◆目に見えない「独自資源」と目に見える「強み」

BASiCSの2番目の要素が、Assetです。日本語では「独自資源」です。その名の通り、企業あるいは個人に「独自」な資源です。

他社や他人が持っているものでは「独自」たり得ません。独自でなければそこで競合優位性を築けないのです。「独自」な資源であれば、それを活かして、うまく差別化することができます。
ここで取り扱う「独自資源」と、次で考える「強み・差別化」の違いについて、整理しておきましょう。

強み・差別化、とは、その通りの意味ですが、顧客の目に見え、直接的に価値があるものです。例えば使いやすい製品、近くにある店舗、などです。

独自資源とは、その強み・差別化の「源泉」となるものです。その「使いやすい製品」という差別化がなぜ「自社にしかできないのか」というのが、独自資源です。

例えば、自社内に抱える他社より優秀な開発スタッフ、という「人」かもしれません。あるいは、特許やノウハウかもしれません。

このような、特許や開発スタッフなどの自社にしかない独自資源に支えられていなければ、その「使いやすい製品」という強みは他社にも簡単にマネされてしまうのです。**「強み・差別化」という優位性を長期的に維持可能にするものが「独自資源」**です。

2 ハード資源とソフト資源

独自資源は、「ハード資源」と「ソフト資源」という2つに大別できます。大体名前から想像できると思いますが、ハード資源は見えるもの、ソフト資源は見えないものです。

会社で言えば、ハード資源は、工場、設備、店舗、資金などです。

独自資源は、同じ「戦場」にいる競合他社にはないもの、あるいは競合他社よりも明らかに優れているものでなければ「独自」とは言えません。

マクドナルドの３７４６店（２００７年12月末）という店舗数は、競合他社にない、ハードな独自資源ですね。規模の経済を効かせることができます。ただ、そのように明確な例は少なく、多くの場合は他社も同じような設備というハード資源を持っています。その場合は、ソフト資源で勝負します。

ソフト資源は、ノウハウ、人事・育成体系、文化、などです。特に「人」は究極のソフト資源になり得ます。「ノウハウ」では、マクドナルドの誰にでも素早くおいしいハンバーガーが作れるマニュアルなどは「独自ノウハウ」ですね。

「文化」では、スターバックスやディズニーランドのように、優秀なスタッフを魔法のように集め、熱心に働いてもらう独特な企業文化はまさに「独自」のソフト資源です。

◆経験の棚卸しをしよう

自分の仕事経験の棚卸しをする価値は非常に高いので、強く、強く、強くお勧めします。「キャリア自分史」を作るのです。

まず時系列で直近5～10年くらいのキャリアを振り返ってみましょう。考えるべき事は、次のことです。

(1) 仕事内容：何をやったのか？
(2) 感想：今考えると、あるいはそのときに、どんなことを考えていたか？
(3) 意味づけ：それは今の自分にどのような影響・変化を与えたのか？

特に、「意味づけ」が重要です。具体的には、

・その仕事から何を学んだのか？
・その経験を普遍化すると、どのように活かせるのか？
・自分に何が合う・合わないことがわかったのか？
・自分が最高の力を発揮できたのはどんなときか？

などです。全ての経験に意味がある、と言うよりも、すべての経験から無理矢理にでも何かを引き出すのです。「何が自分に向いていないかわかる」だけでも重要です。

私の場合は、例えば作業着を着て電話機を1台1台売り歩いたり、会社を1軒1軒回って電話帳広告を販売するような、営業現場での「経験」があります。この「経験」という

独自資源が、「現場で使えるマーケティング戦略が作れる」という「強み・差別化」として現在のコンサルタントという仕事に活きています。

3 独自資源の根幹 DNA

◆DNAは歴史・沿革にある

独自資源を突き詰めると、「DNA」とも言えるような、会社や個人の「変えられない何か」、まで掘り下げることになります。自社「らしさ」、自分「らしさ」を深いレベルで知るためには、一旦そこまで戻ってみることが有用です。

会社や個人のDNAは多くの場合、その出自と歴史にあります。

非常に重要ですので、実直にも時間をかけてやってもらいました。実直に「なぜそのゼミを選んだか」「なぜそのゲームが好きか」と尋ねても、明確な答えは返ってこないでしょうが、自分の記憶・魂に飛び込み、潜って、その底に流れる「共通の動機」を探るのです。過去の行動・選択を長期的に振り返ると、その選択をした根底にある根源的な欲求・動機があるものです。見え方は違っても、似たようなことを繰り返すのです。

◆理念・やる気も「独自資源」になる！

企業理念も貴重な独自資源です。ただ、それが「独自」な場合に限り、です。

例えば「我が社は人類に貢献します」では、独自たり得ず、社員の行動を規定しません。人類に貢献しない企業はありえないからです。「美と健康に貢献します」でも、すべての化粧品会社、スポーツジム、健康食品会社などに当てはまってしまい、広すぎます。

DNAは、「企業」に固有であり、「企業」理念も、「企業」に固有の理念である必要があります。その意味で、フレンドコスメ社の企業理念はよく考えられています。

「私たちは、お客様の肌の美しさを知りつくし、お客様一人一人の好みとお肌に合った美しさを追求します。お客様の真の美しさを内面から引き出し、外面から引き立てます」

これは、「肌」「美しさ」という事業領域を限定し、これ以外のことは行わない、という「選択と集中」の宣言です。さらに、「美」という曖昧な概念を定義し、自社の独自な方向性を明確にしています。

これなら、何をすべきで、何をすべきでないかがわかるガイドラインになります。そしてそれに沿った行動の積み重ねが「歴史」という独自資源になるのです。

個人の場合は、「好きこそものの上手なれ」です。

「三度の飯より好きなもの」であれば、黙っていてもやります。高校時代の実直には、まさに卓球がそれでした。だから、なりふり構わず大声を出して自分を鼓舞できたのです。ライバルに、「そこまでやるか……」と言わせるほどの熱意は強力な独自資源です。

スキルで、経験で負けていても、やる気さえ勝っていれば、いずれ逆転できます。逆に、今どんなに得意なことでも、情熱を傾けることができなければ、後続に追い抜かれてしまうでしょう。

私も、このように本を書いたり、マーケティング戦略を考えることは、肉体的にはつらくとも、精神的に苦しいとは思いません。大好きですから、しょっちゅう考えています。この状態が続く限り、私はマーケティングコンサルタントとしては大丈夫なのかな、と自分では思っています。

「強み・差別化」自分にしかできないことは何か？

ＢＡＳｉＣＳの５要素の３つ目は、Strength 強み・差別化です。戦略の基本中の基本は、「強みを活かして戦う」ことです。また、差別化戦略というと色々ありそうですが、大きく見れば実は３つしかありません。ではその強み・差別化について考えていきましょう。

1 強み・差別化とは

◆強み・差別化と価値

ＢＡＳｉＣＳの５要素の３つ目が、Strength、強み・差別化です。

通常は強みを活かして差別化しますし、差別化につながるものが強みですので、本書では強みと差別化（正確には差別化ポイント）は同義の言葉として使います。

◆独自資源に立脚した強み・差別化は強い

強み・差別化が、短期的にしか強み・差別化たりえない場合には、すぐに競合にマネされて厳しい戦いを強いられることになります。**簡単にマネされてしまうのは、その強み・差別化が第2章で取り上げた「独自資源」に立脚していないから**です。

「独自資源」のところでとりあげたマクドナルドの独自資源の1つは、3746店というハード資源です。マクドナルドの「低価格」という「強み・差別化」は、この独自資源の規模の経済に立脚しているから、他社にマネできないわけです。ロッテリアやモスバーガーなどが価格勝負をしようとしても、店舗数というハード資源がないため、まず勝てないわけですね。

◆「強みは弱み、弱みは強み」になる!

強みを考えることは、簡単なようで結構難しいことです。特に、何を持って「強み」と分類・判断するのかは、絶対的な基準がありません。

例えば、私の会社、ストラテジー&タクティクス株式会社は、私1人でやっているコンサルティング会社です。法人ですが、個人事業主のようなものです。さて、これは強みでしょうか? 弱みでしょうか? 強み弱みをどのような基準で分類するのでしょうか?

キャパシティでは弱みです。多くの仕事は受けられません。しかし多くの仕事を受けなければよいだけです。

コンサルティング会社の難しさに「コンサルタントの品質管理」があります。最初の顧客獲得のときには優秀なコンサルタントが来て、いざ実際のコンサルティングには駆け出しコンサルタントが担当する、ということをたまに耳にします。これは、私の会社では絶対にありません。私しかコンサルタントがいませんから、品質管理が容易なのです。お客様にとっては、常に望むコンサルタントからコンサルティングが受けられるのです。

さらに、1人ですから、意思決定が早く、機動的に動けます。私がやると決め、私が動けば良いのです。

つまり、「1人でやっていること」は強みでもあり、弱みでもあるのです。「1人でやっている」のが**強みか弱みか、という議論にはあまり意味はなく**、「1人でやっている」という**事実を「強みとして活用するにはどういう戦略が良いか」を考えれば良い**のです。ストラテジー&タクティクス社は、その品質管理や、スピードが活かせる戦場や顧客を選び、戦っていけば良いのです。

2 3つの差別化軸

◆3つの差別化軸

強み・差別化、というと無限にあるようですが、実は3つに大別できます。M・トレーシー＆F・ウィアセーマ両氏の分類に着想を得て、私が若干のアレンジを加えて名付け直したものです。差別化戦略は、手軽軸、商品軸、密着軸、の3つの軸に分けられます。

1）手軽軸：近い、早い、簡単、便利、低価格

手軽軸の差別化戦略は、競合より近くで買える、早く提供される、簡単・便利に買える・使える、低価格、で差別化する戦略です。

パソコンで言えばデルで、通販ですから簡単・便利に買えて、早く届きます。しかも相当な低価格で十分な品質です。

2）商品軸：高品質、最新技術、高価格

商品軸の差別化戦略は、「商品」や「サービス」の品質や、技術の高さ・新しさで差別化します。パソコンで言えば、アップルの「デザイン」やソニーの「高機能」がそれにあたります。

3つの差別化軸：個人編

	基本的な考え方	ビジネスパーソン	営業担当者
手軽軸	早い、便利、買いやすい、低価格など「手軽さ」で差別化	軽いフットワーク、長時間労働、スピードで勝負	呼ばれたらすぐ駆けつける、言われたことは何でもすぐやる手軽さで勝負
商品軸	商品・サービスの品質の良さ、技術の新しさなどで差別化	他の誰にもできない圧倒的なスキル・技術で勝負	他の誰にもできない革新的な提案やサービスをする、サービス品質で勝負
密着軸	顧客を知り尽くし、顧客の個別ニーズに徹底的に応えることで差別化	相手に配慮した気配り・対応力で勝負	徹底的にお客様に入り込み、かゆいところに手が届く密着したサービスで勝負

3）密着軸：顧客ニーズに徹底的に応える、カスタマイズ

密着軸の差別化戦略は、競合よりも顧客のニーズに徹底的に応えることで差別化します。モノで言えば、顧客の好み通りに組み合わせられる商品（いわゆるカスタマイズ）を提供したり、顧客のかゆいところに手が届くような気の利いた顧客対応です。

◆個人の場合は？

個人にもこの考え方はあてはまります。ビジネスパーソン、営業担当者について見ると、先の図のようになります。

◆軸を絞る！～1つの軸で圧倒し、他の軸では平均点を取る～

通常は、どこかの1つの軸に絞って差別化します。特に、手軽軸と商品軸の両方を満たすことは極めて難しいです。「低価格で最高に良いもの」というのは、すさまじい特許・生産技術でもない限り、まず実現できません。

ただ、商品軸と密着軸は、両立できる場合もあります。良いモノ・サービスを、顧客ごとに対応した温かい対応で提供する、という限りなく最高グレードのもので、リッツ・カールトンなどがそれをかなり実現しています。

軸を絞ると言っても、他の軸でも平均点を取る力は必要です。

いくら価格が安い（手軽軸に優れる）店でも、あまりに味の悪い（商品軸に劣る）レストランには行きませんよね。手軽軸の場合でも、商品の品質（商品軸）や顧客応対（密着軸）において、それなりである必要があります。その逆も同様です。非常においしいレストラン（商品軸）でも、顧客対応（密着軸）が劣悪な店には行かないでしょう。

3 強みが活きる戦場で戦え！

戦略ＢＡＳｉＣＳの極意は、５要素の一貫性にあります。当然、「強み・差別化」も例外ではありません。

◆強みは、戦場にいる競合と比較しての強み

強み・差別化は相対的なもので、「戦場」にいる「競合」と比較しての強みです。

例えば、スターバックスの「強み」の１つは「顧客対応力」ですが、それは、同じ戦場にいる他のコーヒーチェーンと比べて、のことで、高級ホテルのカフェより強い必要はありません。**高級ホテルのカフェとスターバックスは同じ戦場にいない（顧客にとって比較対象にならない）**からです。

ですので、**「強み・差別化」を考えるにあたっては、「競合が誰か」という「戦場」を知らなければ意味がない**のです。ですから、戦略ＢＡＳｉＣＳでは「戦場」が最初に来ているのです。

逆に言えば、**戦場を選ぶ際、「強みが活きる戦場」を選ぶ**ことが重要です。自分の強みが活きない戦場では、苦戦を強いられます。**戦場や強みを別々に考えてはいけません。その相互関係を常にチェックする必要があります。**それがしやすいこともＢＡＳｉＣＳの「強み」の1つです。

例えば、吉野家の強みは、早く、それなりにおいしいものを多数の店舗で提供できることですが、それは、高級焼き肉戦場でも活きるでしょうか？　かなり厳しい展開になると思います。高級焼き肉戦場においては、吉野家のスピード、低コスト提供力、などの強みが活きないからです。逆に、吉野家が低価格ラーメンを提供するチェーンを２００７年に買収しましたが、そこでは吉野家の強みは活きそうです。

つまり、同じことが戦場によって強みにも弱みにもなります。ですから、強み弱みを考える際には、「戦場」を同時に議論する必要があります。**強み弱みを単独で考えるのは間違いの元**です。

「顧客」自分は誰と共にいたいのか？

戦略BASiCSの4つ目の要素は、Customer 顧客です。
順番は4番目ではありますが、マーケティングにおいて、一番重要な要素と言っても良いでしょう。「売る」ことがマーケティングの究極の役割ですが、その「売れる売れない」を決めるのはお客様です。では、その「顧客」について考えていきましょう。

1 セグメンテーションとターゲット

◆分類することがセグメンテーション、狙うお客様がターゲット

人によって求める価値は違います。ですから、分けて対応します。顧客を分類することは、「セグメンテーション」と呼ばれます。

個人顧客対象のビジネスでよく行われるのは、性・年齢による分類です。

例えば男女別に、年齢を20代以下、30代、40代、50代以上、と分類すれば、性別2区分

×年齢4区分で、8つのグループになります。この1つ1つのグループを「セグメント」と呼びます。そして、この8セグメントのうち、自分が狙うセグメントを「ターゲット」（あるいはターゲットセグメント）と呼んだりします。ただ「ターゲット」という言葉は、「自社商品を売りたい相手」くらいの曖昧な意味でよく使われます。

ターゲットを決めるためには、セグメンテーションをする必要があります。セグメンテーションをしたのであれば、ターゲットを決めなければ、セグメンテーションが無意味です。ですから、セグメンテーションとターゲットは、セットで使われることになります。

◆求める価値や差別化軸でセグメンテーションする

先ほどのように、性・年齢を軸に分けたとします。「20代女性」という区分があったとして、ここには20歳の大学生、25歳の独身有職女性、29歳の専業主婦、などが十把一絡げで入ります。この方々は、それぞれ化粧品などのニーズが相当違うはずで、かなり無理がある分け方です。

ではどうすればよいかと言うと、「求める価値」で分類すればよいのです。ニーズが違うから分けるのですから、最初からニーズで分類すればいいのです。

化粧品で言えば、実年齢よりは「肌の悩み」「使う場合（会社、プライベートなど）」で分けられそうです。外食であれば、「手早く済ませたいとき」「友人と2人で話したいとき」「みんなで騒ぎたいとき」などのニーズで分ければ、性・年齢などに関わらず共通のニーズでセグメンテーションができそうです。

◆個人の場合

個人として考える場合は、「顧客」の定義が若干異なります。今いる会社、という戦場に居続ける(勤務し続ける)なら、上司(自分の評価者)が自分の重要な「顧客」であり続けます。上司とうまくやることは会社員であり続ける限り、ついて回る課題です。変な話、お客様は変えられても、上司は変えられません。

戦場が自社だけに限らない場合、すなわちキャリア戦略の選択肢に「転職」がある場合は、自分の将来の「顧客」は、他社の人事担当者や、自分が働く可能性がある会社の部署のボスかもしれません。

そうなると、他社でも通用する「独自資源」「強み」をいかに育てていくか、が重要になります。戦場の選択によって、育てるべき強み・独自資源も変わるのです。

2 顧客を絞ればすべてが決まる！

◆顧客を絞る＝戦略的な決断

顧客ターゲットを定める、ということは、顧客を絞り、優先順位をつけることです。これは、非常に戦略的な決断です。**顧客を絞れば、他の要素が連動して決まる**からです。

顧客を絞れば、戦場・競合が決まります。例えばマクドナルドが顧客を『小さな子供のいるファミリー』と絞れば、戦場は例えば「休日のランチ」になります。その場合の競合は、ファミリーレストランなどです。すると、連動してマクドナルドが訴求すべき「強み・差別化」が決まります。ファミレスに対しては、価格の安さや、子供向けメニュー（おもちゃつきメニュー、「ハッピーセット」は年間1億個売れるそうです）が強み・差別化になりますね。

戦略ＢＡＳｉＣＳの5要素は、一貫性を持ち、相互に連動するため、1つの要素を決めると他の要素も連動して決まります。その中で、特に「顧客」をどう絞るか、は極めて重要な決断です。

もちろんマクドナルドには他のターゲット顧客もいますが、考え方は同じです。

同じ店舗形態という制約の中で、複数のターゲットを同時に狙うわけです。どこまでできるかは企業の力によりますが、少なくとも「日本人全員」をターゲットにはしないでしょう。

◆自分の強みに合う人、共鳴してくれる人を選ぶ

顧客の絞り方として、「自分の強みを重視してくれる顧客」を選ぶことが重要です。わかりやすいのでマクドナルドの例で続けますが、マクドナルドの強みが価格競争力だとすれば、ターゲットは「低価格を重視する人」だったり、「給料日前で節約したいとき」かもしれません。「強みを重視してくれる顧客」を選べば、勝ちやすいのです。

そのターゲットは、自分が打ち出した強みに「共鳴」してくれる顧客でもあります。私のターゲットは、意識の高いビジネスパーソンであり、戦略的に生き、その結果日本に貢献したい、という志を持つ方です。

まさに本書をお読みいただいているあなたです。そのような方に、私の強みである「戦略BASiCS」という戦略的な思考法を訴求し、ご共鳴いただいているから、本書を手にとっていただいたのだと思います。

●「メッセージ」自分は誰だと世の中に宣言するのか？

戦略BASiCSの最後の要素がSelling message、メッセージ・売り文句です。通常の戦略の要素はここまでの戦場・競合、独自資源、強み・差別化、顧客でカバーできます。メッセージはそれらと異なり、戦術的な意味合いが強いのですが、戦略の5要素にあえて入れているのには強い理由があります。いよいよ最後の要素、メッセージについて考えていきましょう。

1●伝わっていないことは存在しない

◆顧客に見えるものは、顧客に見えるものだけ

メッセージとは、有り体に言えば「売り文句」ですが、ここでの意味はさらに広く、顧客に見える・触れるものすべてです。典型的なものは、ＴＶＣＭや店頭ＰＯＰ（販促物）に載る売り文句や、営業パーソンのセールストークですがさらに、製品デザインやホームページのデザイン・売り文句、など顧客に見える・触れるものすべてを意味する広い意味

で「メッセージ」と言っています。

なぜ、「メッセージ」が戦略の要素になるのでしょうか？　通常言われる戦略の要素については、戦場・競合、独自資源、強み・差別化、顧客の4つでカバーできています。しかし、いわゆる経営戦略論の問題点がそこにあります。ここで終わってしまうと「机上の空論」になります。

マーケティング戦略は、いわゆる戦術として実行されて、顧客に届き、売れる、というところまで来て初めて成果をもたらします。つまり、「メッセージ」が「顧客」に伝わり、届けられて初めて戦略が意味を持ちます。

戦場・競合はどこか、独自資源や強みは何か、顧客ターゲットは何か、などは顧客には見えにくいものです。顧客に触れるもの、見えるものは、

・TVCM、店頭POP、会社案内、製品カタログ、ウェブサイト
・営業パーソンの服装、雰囲気、セールストーク
・電話受付担当者の声、トーク
・製品パッケージ、製品デザイン、ネーミング
・店員のユニフォーム、接客態度

などですね。これらがすべてここで言う「メッセージ」です。

「戦略」は顧客には見えませんから、顧客はこのような見える、触れる「メッセージ」だけで判断します。

私たちが顧客の立場のときもそうですよね。ある会社がどんなに素晴らしい戦略（私たちの目には見えません）をとっていても、店員さんや営業パーソンに失礼な対応をされたら（そしてそれは重要な「メッセージ」です）、二度と買いたいとは思わないはずです。

お客様であるあなたにとって一番大切なのは、戦略ではなく、目に触れるもの、つまりメッセージなのです。顧客に伝わってこその価値だからこそ、顧客接点でのメッセージの役割が、他の戦略的要素と同等の重要性を持つのです。

個人の場合でも同じです。自分がどういう人間かは、服装・持ち物・言葉遣いなどによって判断されます。服装・持ち物は、「自分はどういう人間だと周りに宣言したいのか」が端的にわかるものです。女性のお化粧もそうですね。さらに重要なのが「行動」です。自分がどういう行動をとるか、それが周りに対しての強烈な「メッセージ」になります。それが「今日の行動を変える」ことのもう1つの大きな意味です。

2●BASiCSの集大成

◆戦場、独自資源、強み・差別化、顧客との一貫性

メッセージは、戦場・競合、独自資源、強み・差別化、顧客の戦略の4要素をまとめてわかりやすく言い表すものです。つまり、メッセージは、

・誰（「競合」）と比べて（「戦場」）
・「独自資源」に基づいたどんな「強み・差別化」を
・どんな「顧客」に

どのように価値として伝えるか、というBASiCSの集大成でもあります。

そのメッセージで売れなければ、メッセージではなく、強み・差別化や、顧客ターゲットの選定に問題があったのかもしれません。メッセージ「だけ」で売れる売れないが決まるのではなく、そのベースとしての商品・サービスの強み・差別化や、顧客との適合度も重要です。**メッセージを考えることは、強みや顧客の最終チェックポイント**でもあるのです。

実直たちの提案において、「私は私」「あなたのこと、もっと知りたい」というキーメッ

セージは、製品展開、ＣＭはもちろん、ビジネスモデルまで統括する「メッセージ」になっています。さらに、店舗でどんな人材を育成するか、という人事教育まで包括します。戦場、独自資源、強み・差別化、顧客、という戦略要素の集大成として、**考え抜かれたメッセージは、経営全てに影響を及ぼす**ものなのです。

◆自分は誰だと世の中に宣言するのか

これを個人の戦略で考えると、「自分は誰だと世の中に宣言するのか？」というボロの問いになります。

言ってみれば、「自分の生き様」みたいなものです。それは別に何でも構いませんが、自分にとって一番重要なものでしょう。この世に生まれたからには、それだけはやってから死んでいきたい、というものです。そして、強みなどは、その宣言を実現するためにあるわけです。ここでも一貫性が重要です。

「使命」内なる光を解き放とう！

ここまででBASiCSの5要素の解説は終わりです。残っているのがi、integration（統合）です。BASiCSのカギは、5要素の一貫性なのです。他人ではなく、自分がそれをやる理由を一貫性をもって身体で理解したときに、本当の自分になることができるのです。

1 一貫性

戦略BASiCSの5要素のうちで、一番重要なことは何かと問われたら、私は、迷うことなく、5要素の「一貫性」だと答えます。

戦略・戦術に、正解や間違いは基本的にはないと思います。やってみなければわかりませんから。しかし、**「一貫性を欠いた戦略・戦術」は「間違い」**です。例えば、「低価格で薄利多売を狙っているのに、人件費が高い人を多く雇う」ことは一貫性を欠きます。

戦略BASiCSの一貫性があれば、「売れ」ます。ある価値を欲しがる「顧客」に、自分にしかない「独自資源」に基づく「強み」で「競合」と「差別化」し、魅力的な「メッセージ」で伝えれば、売れるのは当たり前です。

BASiCSの一貫性を取ることは、「良いモノを欲しがる顧客に、これは良いものだと伝えて良いモノを売る」などの、当たり前のチェックプロセスなのです。

2 私は私：自分から他人を削り出し、ハラを括る

実直と智子の70％の不完全燃焼感は、私自身の経験です。

120％の力を出すのは、体を壊すまで働くことではなく、「今自分にできることを精一杯やる」ことです。それができない理由の1つが、「ハラを括れていないこと」です。「自分にはこれしかない」とハラを括れば、全力で頑張れるものです。戦略BASiCSは、その「ハラを括る」ツールでもあります。

戦略BASiCSは、「自社とは何か」「自分とは誰か」をえぐり出します。それには、**「自分は誰でないか？」を考えます。**「自分は人間だ」は正しいですが、意味がありません。「自分が誰か」を知るのは、**「自分は他の誰ではなく、誰なのか？」**と、自分の中から、他人にあてはまる要素を削り出し、尖らせていくプロセスです。

それは同時に、この「戦場」で生きると決め、他の戦場を捨てて退路を断つことでもあります。他人ではなく、「自分」がやるべきことを明らかにし、「自分は誰だと世の中に宣言」し、ハラを括ることとです。その意思決定は後で変わっても構いませんが、「今」は、「今できること」に集中するのです。それが120％の状態です。そこに行き着くために、5つの要素を1つずつ確認し、その一貫性を身体で感じるのです。

3●戦略BASiCSで、内にある輝きを解き放つ

自分の輝きが解き放たれるのはまさにそのときです。自分のすることに自信を持ち、短期的に結果が出なくても他人のせいにせず、結果を受け止めて反省しつつも前を向き、自分ができることを精一杯心を込めてやる、そのような人が「輝いている人」です。

それは、智子が演じたCMシーンに象徴されています。

自分を守っていた殻を破り、自分自身でいることにより、内に秘められた輝きを解き放つのです。光は、自ら輝く太陽のように、自分の中から解き放たれます。今回「サンライズ」「サンデー」「日向」「智子」（智＝「知」＋「日」）など、太陽を象徴する名前を使っているのはその象徴です。

自分のBASiCSは、自分が輝き続けるために、一生考え続けていくべきことかもしれません。私は3カ月〜半年くらいに1回、自分の会社と自分の個人のBASiCSを見つめ直します。もう何十回とやってはいますが、それでも、「よし、今やるべきことはこれでいいんだ」という確信を得るために行っています。

「私」が変わることはまったく構いません。去年と同じ自分では、進歩がありませんから、「今」に集中することが重要なのです。ちなみに、戦略BASiCSを記録に残しておくと、自分の変化や成長がわかり、楽しいものです。

私は、今の日本には歯がゆさを感じます。何かというと他人のせい、政治家のせい、という論調。それより、他人は気にせず、自分にできること、すべきことを精一杯やり、自分自身が輝く。私も今はまだまだ未熟ですが、いつかはそんな人になりたいと思っています。そのために必要なのが、戦略であり、自分を知ってハラを括る道具なのです。戦略BASiCSはそのためにあるのです。

日本は思いやりにあふれた、本当に良い国です。「日の本の国」、太陽が昇る（サンライズ）国です。日本に足りないのは、戦略性と自信です。あなたがさらにさらに輝き、日本にいる人の多くがそうなれば、日本は「日出づる国」になれます。そこでは、みんなが自分のできることを精一杯やっています。あなたはあなたとして、私は私として、みんなが精一杯今できることをしよう、そんな「メッセージ」を実直と智子の物語に込めました。そのような「想い」が少しでもあなたに伝わったのであれば、著者としてこれほど嬉しいことはありません。共に頑張って、日本を輝ける国にしていきましょう！

会社の戦略BASiCS:マーケティング戦略

	安井プロ	ギガ広告	サンデー広告
戦場・競合	フレンドコスメ社の広告・販促の企画・制作		
独自資源	低コストな賃金体系	企画・広告制作力の高いスタッフを数多く抱える	フレンドコスメ社をよく知る少数精鋭スタッフ、戦略BASiCSの知識
強み・差別化	低価格	最高の企画・広告	フレンドコスメ社に合う戦略的提案
顧客	フレンドコスメ社の社長・社員 フレンドコスメ社の顧客・ユーザー		
メッセージ	他社の半額でやります	最高の企画・広告ならお任せ	御社の強みを活かします
差別化軸	手軽軸	商品軸	密着軸

← 差別化

自分BASiCS：キャリア戦略

	営業としての日向実直	戦略プランナーとしての日向実直
戦場・競合	広告の営業担当者	戦略プランナー
独自資源	話しやすく、色々と相談を持ちかけられる性格	同左＋戦略BASiCSを使える力
強み・差別化	お客様の話をよく聞き、お客様の求めるものを提案	お客様の話をよく聞き、お客様の求めるものを戦略的に提案
顧客	自分に合った提案が欲しい会社・人	同左＋戦略的な提案が欲しい会社・人
メッセージ	あなたのためだけの提案をします	あなたのためだけの戦略的な提案をします
差別化軸	密着軸	密着軸＋商品軸

進化

あと書き&ストーリー解説

最後に、ここまでに書ききれなかったことを補足しておきます。本書は、もちろんフィクションです。特定の会社・人をほめたり中傷する意図はまったくありません。

広告代理店・化粧品メーカー

広告代理店ビジネスには、大分関わってきました。中にいたこと、発注側、受注側、すべてにいました。実直、高橋、鈴木の立場にもいました。様々な私の体験を、設定を変え、特定できないようにして使っています。今回、「ギガ広告社」が悪役になりましたが、良い仕事をする大手広告代理店は多くあります。「ギガ広告社」は完全に空想です。もし気分を害された方がいらしたら、お詫びいたします。競合相手とディベートするコンペはさすがに聞いたことはありませんが、実際にやってみたら面白いと思います。

化粧品メーカーについては、参考にした会社はありますが、モデルはなく、空想です。

数年前に外資系高級化粧品メーカーをコンサルティングしたときは、逆に強大な日本のメーカー相手にどう戦うか、がテーマでした。その内容は、拙著『図解実戦マーケティング戦略』（日本能率協会マネジメントセンター）で、戦略ＢＡＳｉＣＳの理論とともに解説しています。

高級化粧品のユーザー層については、異論があるかもしれません。本という媒体では公開データを使うことになりますので、家計調査（２００７年版）に忠実に依拠しました。心理的セグメンテーションは経験に基づく私の推測です。店と通販を組み合わせたビジネスモデルは実際にあるようです。それを１週間有料サンプルや顧客データベースと組み合わせて密着軸を徹底する、というのは私の創作です。

登場人物・舞台設定

登場人物は、私がよく知る人物（私を含みます）を組み合わせていますが、阿多間良男だけ、実在の人物をモデルにしました。そのモデルは……実は、20代後半の若き日の私です。米国ＭＢＡを取得したばかりで、生意気で周囲と様々な摩擦を起こしていた私を、自戒を込めて、登場させました。実際に私が知る広告代理店のプランナーさんはいい人ばかりです。実直の卓球や卒論は、私の経験を元にしています。今でも自室には、実家から持ってきたラケットがあります。

智子の最後の告白は、できすぎた話のようですが、複数の女性の同じようなエピソードに基づいています。私は女性にとって話しやすいようで（密着軸）、よく悩みを相談されましたが、一見脳天気な女性が、深い悩みを抱えつつ明るい自分を「演じている」ということは結構あります。智子が演劇部でいじめられた経験も、ある人の実話を元にしています。今回は主に実直に視点をおいていますが、智子もまた悩みを抱えた一人の人間であり、智子の成長物語でもあるのです。

サンライズビルのモデルは、東京・池袋のサンシャイン60です。池袋近辺で生まれ育った私にとっては、「地元」です。実際にサンシャイン60の51Fにあった会社で働いていたこともあり、夜景が見える会議室で深夜まで企画を練ったものです。

新潟県上越市も、近しい親戚がおり、毎年行きますが、桜が本当に美しい所です。越後の軍神、上杉謙信はＮＨＫドラマでＧａｃｋｔさんが演じ、地元で大人気だそうです。

菜の花色、という色もあります。ＨＴＭＬの設定では「#ffec47」、「菜の花色」でネットで検索すると出ます。この色を見ながら、最後の智子が演じるＣＭができました。

本書の世界は、私の体験や、このような現実からなるパラレルワールドのような世界です。

今後の参考図書

明日を戦略的に変えていきたい方には、私の他の本も参考になると思います。

本書の中核ツール、戦略ＢＡＳｉＣＳをもっと知りたい、学びたい、という方は、**『経営戦略立案シナリオ』**（かんき出版）がお薦めです。３００ページに渡って、戦略ＢＡＳｉＣＳを詳細に説明しています。戦略ＢＡＳｉＣＳの最高峰の書です。

広くマーケティング戦略を知りたい、という方のための戦略入門が**『図解 実戦マーケティング戦略』**（日本能率協会マネジメントセンター）です。増刷10刷を超える、ベストセラーになっています。その実行のための本が**『マーケティング戦略実行チェック99』**（同社）です。

小説形式が好き、という方は、**「ドリルを売るには穴を売れ」**（青春出版社）はマーケティングの入門に最適です。舞台はイタリアンレストランで、「赤字の店を黒字化するプランを60日で出せ！」と言われた女性主人公の奮闘を描いています。

変わったところでは『**ことわざで鍛えるマーケティング脳**』（マイコミ新書）では、戦略BASiCSをことわざで平易に解説しています。

すべて違った意図の元に書かれていますので、重複は若干ありますが、それぞれに切り口が違います。ただ、それでも経営戦略もマーケティングも究極的に行き着くところは同じだと考えていますので、全体にブレはないはずです。

また、私が発行するマーケティングメルマガ『**売れたま！**』でも、戦略BASiCSの使い方などを無料で配信しています。
http://www.mpara.com/mag.htm からご登録いただけます。

戦略BASiCSを使ったコンサルティングは私の会社、ストラテジー＆タクティクスの得意中の得意です。戦略BASiCSの研修やトレーニングも依頼があれば随時行っています。

実際に売上数百億円規模の会社や事業部でも、全社的にやろうという動きがかなり出てきています。当然ですが、ストラテジー＆タクティクス意外に戦略BASiCSを使ったコンサルティングや研修はできないはずです。

今日を変えれば明日が変わります。変えるには戦略が必要です。そこで戦略ＢＡＳｉＣＳです。現在、あるスクールでの私のマーケティングの受講生の方々に、「自分ＢＡＳｉＣＳ」を作って発表してもらうという試みを行っていますが、非常に好評です。それによって転職を決意した、ＭＢＡをとることにしたなど、「明日を変えた」方が多くいらっしゃいます。

戦略的に今日を変えれば、違った明日が待っています！　あとは、実直のように小さな行動を取るだけです！　あなたにとっての鳥野智子・高見理香は誰でしょうか？（別に異性とは限りません）

さあ、次はあなたの番です！　あなたからのご報告を楽しみにお待ちしています。

参考文献

広告白書２００８
資生堂アニュアルレポート２００８
１０４期トヨタレポート（２００８年３月期）
総務省家計調査２００７年　年報　化粧品に含めたのは、化粧クリーム、化粧水、乳液、ファンデーション、口紅、他の化粧品

謝辞

本を出すことは大変な作業で、今回も様々な方のご協力なしには完成しませんでした。まず、フォレスト出版の鹿野哲平さんからのご依頼とアドバイスがなければ完成しませんでした。「猫を登場させる」というアイディアは鹿野さんからいただいたものです。紆余曲折はありましたが、満足できるモノになりました。ありがとうございました。

化粧品のプロの方々からも素晴らしいアドバイスをいただきました。化粧品業界を超得意とするＰＲ＆コンサルティング会社、Ｊ＆Ｔプランニングの市川純子社長と鈴木真理さんには化粧品業界の実情や化粧品についての知見を詳細にいただきました。Ｊ＆Ｔプランニングは、高い知見と現場実行力を兼ね備えた希有なＰＲ会社です。矢加部隆博さんには、メーカーでご活躍されているお立場から、多角的なご意見をいただきました。日向実直に極めて近い立場で仕事をされていらした西村香里さんからは化粧品に関する知見とクリエイティブなどについて鋭いアドバイスをいただきました。智子の年齢設定に近い大久保仁見さんからは、メーカー兼ユーザー兼若い女性として、心のこもったお話をいただきました。ストーリーや描写がうまく行ったのならこの方々のお陰ですし、もし違和感を感じられたら、全ては私の責任です。

私自身も実直の上司、鈴木の立場で化粧品会社に接したことがあります。世界的に有名な超高級化粧品メーカーの日本法人の社長さんと1対1でランチをしながら、お悩みを聞き、色々と話したこともあります。諸事情で名前は書けませんが、そのときの同僚・上司・部下・クライアントの方々に感謝を捧げたいと思います。

また、広告代理店関係の様々な友人の方々。今回、ギガ広告には悪役になってもらいましたが、私がおつきあいさせていただいた方々は素晴らしい方々ばかりでした。広告代理店で素晴らしい仕事をされていらっしゃる方が多くいらっしゃることは間違いありません。

また、数々の先輩、友人の方々。早稲田大学の藤井正嗣教授には、日頃から数々のアドバイスをいただいています。経営者連邦の小笠原昭治さん及び経営者連邦に属する経営者の方々にも、色々な気付きをいただいております。KTマーケティング株式会社の土屋浩二氏とのディスカッションには様々な学びがあります。ウォートンMBAの同期生でもある、東原俊哉氏には様々な助言をいただき、私の理論形成に非常に深みのある示唆となり結実しています。ここであらためてお礼を申し上げたいと思います。

さらに、私が経営するコンサルティング会社、ストラテジー&タクティクス株式会社（S&T）のクライアントの皆様。名前をあげることはできませんが、戦略BASiCS

を実際に大規模なビジネスで実行し、成果をあげつつあるのは大変に勇気づけられます。

そして、私の妻、恵子。個人のキャリアでも、また、勤務する会社においても戦略ＢＡＳｉＣＳを提案や企画にフル活用し、戦略ＢＡＳｉＣＳの最も忠実な実践者として成果を出し続けているのは賞賛と驚嘆に値します。ここにあらためて感謝したいと思います。

そして、ここまでお読みいただいたあなた。本当にありがとうございました。あなたと私も、実直と智子のように互いに学びあって成長していけるよう、心より願っています。ふと弱気になったときには本書をもう一度手に取ってみてください！　ここまで読んだあなたの心の中には、もうボロがいます。きっと応援してくれることでしょう。

サンシャイン60の展望台で夜景を眺めながら

佐藤義典

＊会社名、肩書きなどはすべて２００８年9月当時のものです。

〈著者プロフィール〉
佐藤義典（さとう・よしのり）
マーケティングコンサルタント。
ストラテジー＆タクティクス株式会社　代表取締役社長。

ＮＴＴ、外資系メーカー、外資系エージェンシーで営業、ブランド責任者、営業のヘッド、コンサルティングチームのヘッドなどを歴任。現在はコンサルティング会社ストラテジー＆タクティクスにて、マーケティング戦略を中核にコンサルティングを行う。
主な著書に『図解　実戦マーケティング戦略』（日本能率協会マネジメントセンター）、『経営戦略立案シナリオ』（かんき出版）、『ドリルを売るには穴を売れ』（青春出版社）など。人気マーケティングメルマガ、売れたま！の発行者としても知られる。実戦的なコンサルティング、わかりやすい研修には定評があり、ファンも多い。

ストラテジー＆タクティクス社　HP
http://www.sandt.co.jp

連絡先
info@sandt.co.jp

白いネコは何をくれた？

2008 年 10 月 30 日　　初版発行

著　者　佐藤義典
発行者　太田　宏
発行所　フォレスト出版株式会社
〒 162-0824 東京都新宿区揚場町 2 － 18　白宝ビル 5F
電話　03 - 5229 - 5750
振替　00110 - 1 - 583004
URL　http://www.forestpub.co.jp

印刷・製本　日経印刷（株）

ISBN978-4-89451-322-8　Printed in Japan